直面危机：跨境电商创业

朱秋城（Mr.Harris）◎著

中国海关出版社有限公司

·北京·

图书在版编目（CIP）数据

直面危机：跨境电商创业／朱秋城著．—北京：中国海关出版社有限公司，2021.2

ISBN 978-7-5175-0478-8

Ⅰ.①直… Ⅱ.①朱… Ⅲ.①电子商务-商业经营-研究 Ⅳ.①F713.365

中国版本图书馆CIP数据核字（2021）第019238号

直面危机：跨境电商创业

ZHIMIAN WEIJI：KUAJING DIANSHANG CHUANGYE

作　　者：朱秋城（Mr. Harris）
策划编辑：马　超
责任编辑：郭　坤
责任监制：赵　宇
出版发行：中国海关出版社有限公司
社　　址：北京市朝阳区东四环南路甲1号　　邮政编码：100023
网　　址：www.hgcbs.com.cn；www.hgbookvip.com
编 辑 部：01065194242-7585（电话）　　01065194234（传真）
发 行 部：01065194221/4238/4246/4247（电话）　　01065194233（传真）
社办书店：01065195616/5127（电话/传真）　　01065194262/63（邮购电话）
印　　刷：北京盛通印刷股份有限公司　　经　　销：新华书店
开　　本：710mm×1000mm　1/16
印　　张：14.5　　字　　数：250千字
版　　次：2021年2月第1版
印　　次：2021年2月第1次印刷
书　　号：ISBN 978-7-5175-0478-8
定　　价：59.00元

跨境贸易的转折期

序

一

几年前的一天，秋城来我单位小坐，他刚刚成功地在阿里巴巴总部为一群电子商务学员做了跨境电商的讲座。在全国各地演讲是他一段时间以来的工作常态。

我们俩的聊天，似乎更像是他的又一次演讲。

他讲述了自己家族的生意，谈到了父亲和他之间的一些“战争”，在子承父业后，他开始走上了一条新的发展道路：将传统企业互联网化。他讲述了生意场上遇到种种不易时的沮丧和柳岸花明时的快乐。他讲述了自己的梦想——成为一位财经作家。在他看来，一位企业家如果能成为财经作家的话，那是一种很高的境界——儒商。

很多时候，一个人想得到某一样东西时，只要他坚持下去就会有收获。秋城一直为此努力着，他于2016年创作的第一本实录跨境电商十年变迁的作品——《跨境电商3.0时代》就是这样的产物。

此后，他的创作欲望与写作灵感不断喷涌，以每年一本新作的速度活跃在财经写作领域，并在全国各地开讲座，成为跨境电商领域的“网红”。

二

对于秋城这样的青年企业家来说，全球化和互联网是他们的必修课。这是迥异于父辈的。

秋城好学，他特别钟情于国内的一本商业期刊，从不漏订，他的许多企业经营之道、管理风格、趋势研判均来源于此。他找到了传统产业嫁接互联网的路径，并通过自身灵活的运用，迅速打造出属于自己的企业品牌。在电子商务领域，他开始成为一位受人瞩目的创业者，还幸运地接受了中央电视台的采访，这被视为一种极高的荣誉。

秋城身上有着浙江企业家的许多优秀的精神气质，在电子商务领域行走时，他并没有疏于打理企业，车间仍是他待得最久的地方，他始终把工业设计、技术创新、产品品质放在突出的位置。他深知，互联网加持传统制造的意义，但无论何时，产品品质永远是市场的硬通货。

电子商务不仅打破了市场的地域界线，也拉长了经营的长尾效应，许多客户，不再通过门店完成货物的认知、下单和反馈。仅仅用了十余年时间，中国的电子商务已经是另一番模样，国内电商企业甚至以自己的方式打败了进入市场的强大外来者。

跨境电商作为电子商务的外延，降低了中国融入世界的成本，快速有效地把中国制造与世界消费、全球制造与中国消费连接在一起，消除了物理山水间的隔离。如果非要说还有隔阂，那就是物流通道的时效问题——如何更快、更及时地把产品送达消费者手中。

秋城的著作里有其企业实践的结果，是其通过观察与思考提炼出的经营路径，具有工具性的功能。此外，他通过了解人性需求、大国博弈的信息差和资源平衡，找到了跨境电商经营的更多门道。这些门道，既有被实践证明过的，又有带有探索性、前瞻性和个性化的。

三

2020 年新冠肺炎疫情下，全球贸易一度陷入困顿。

在过去的数月间，为了捕捉疫情带来的经济影响，我走访了许多地方和企业。既看到了疫情下不少企业的无助状态，也看到了中国企业家特有的乐观品质。更重要的是，我观察到了中国制造的强大生命力，以及业已形成的全球产业链上的中国要素的壮阔力量。在短暂的危机之后，一切正在不断向好。

6 月之后，国内市场率先复苏，而处于消费端的国际市场，对中国产品需求之旺盛超出了许多人的想象。中国工业嵌入世界工业的长链，已经没有办法被人为阻断，即使是高端芯片领域，在中美贸易摩擦下，世界也离不开中国消费者、离不开中国产业链的融合。

种种迹象表明，所有人为制造阻断供应链与消费链的行为都是徒劳而短暂的。在跨境电商里，总需求没有发生巨变，而是在订单及生产模式上发生了一些新的变化。越来越多的数据显示，中国进出口贸易动力依然强劲。

至关重要的是，我们不应忽略一个新的转折期的出现。

当下的跨境电商带给我们许多新的启示，中国与世界贸易的平衡已被打破，开始进入一个全新的再平衡阶段。

中国已经成为跨境贸易的主导力量。强大的物流体系、广阔的市场机遇、超高级别的科技运用，以及由互联网“原住民”构成的庞大消费群体的迭代带来的市场需求，都让跨境电商在中国迅猛发展，成为全球贸易变革中的直接变量，这将极大地改变区域间的贸易规则。

正是在这样的大背景下，跨境电商的从业者不自觉地会有更多的身份认同，其身上的“中国符号”已成为未来的核心竞争优势。

四

秋城持续地观察着当下跨境电商的演进。对于未来他充满期望，这也正是本书的要义之一。从某种角度来看，与其说，他是在做跨境电商生意、研究跨境电商产业，倒不如说，他是用自己的实践与观察体认全球贸易在百年未有之大变局下中国商人的价值追求，用写作感受一个大国崛起的魅力。

毫无疑问，这样的青年一代创业者，正成为蓬勃商业力量中的全球试验者。这是新时代给予他们的机会，而他们则在塑造新的商业与贸易性格。

是为序。

《浙商》杂志副总编/全国商人媒体联盟执行主席　冯永明

2020 年 11 月 5 日于中国杭州

目录

CONTENTS

第一篇 跨境电商国际国内形势和政策梳理

1

第一篇

跨境电商国际国内形势和政策梳理

第一章　当前的国际贸易形势

第一节　当前世界经济格局的变化和外贸趋势

历史上每次危机和灾难都会改变整个世界的格局，全球经济一体化的今天，新型冠状病毒肺炎疫情（以下简称“疫情”）也必然影响外贸趋势和全球利益分配。

中国物流和采购联合会发布的2020年4月全球制造业PMI（Purchasing Managers' Index，采购经理指数）数据显示，全球连续3个月运行数据在50%之下，全球的制造业受疫情影响，冲击非常大。2020年5月，中国疫情初步控制，亚洲制造业PMI降幅变小，但是疫情持续下的欧洲、美洲、非洲的制造业依然受影响巨大。

世界货币基金组织表示，2020年全球经济陷入衰退，经济的受损程度可能仅次于大萧条时代。

一、当前的世界贸易趋势

谈到2020年的疫情对世界贸易趋势的影响，核心关键词是传统进出口市场的“逆全球化”和在线贸易跨境电商的崛起。

首先，我们来谈谈什么是传统进出口市场的“逆全球化”。海内外疫情持续，传统的国际贸易陷入了低潮期，为有效控制疫情，各国不得不采取最原始的手段“封城、锁国”，这样自然让国与国之间的交往变得越来越少，传统外贸进出口活动难以正常进行。

目前的疫情给绝大多数依赖外贸出口的国家的经济带来了负面的影响，对很多国家的产业结构也产生了巨大影响，如欧洲和美国的汽车等产业纷纷停滞和倒闭，直接影响到中国等国家的汽车出口贸易。

作为世界工厂，中国的外贸产业近几年持续升级，无论是低端的制造业还是中高端的制造业，在世界市场上所占的份额越来越多。这也是中美贸易摩擦的根源，疫情的持续正好给欧美国家提供了重构本国制造业的理由，所以，当下的传统外贸出口陷入疲态。

再来说说“跨境电商”的崛起。海外疫情持续下，传统外贸陷入了停滞和困境，但是，跨境电商迅猛发展，它代表着未来世界贸易的发展方向。

疫情发生以后，中国为了稳定外贸，出台了一揽子鼓励跨境电商发展的政策，比如增设一批跨境电子商务综合试验区（以下简称“跨境电商综试区”），截至 2020 年 4 月 27 日，中国跨境电商综试区已经有 105 个，从国家的顶层设计层面推动跨境电商的发展。

2020 年中国的跨境电商也不负众望，实现了逆势增长。2020 年的前两个月，中国的跨境电商零售出口额是 174 亿元，同比增加 36.7%，在 2020 年特殊的历史背景下，跨境电商缓解了外贸出口压力，帮助国内消费回暖，增强了中国继续促进外贸发展的决心和信心。

二、2020 年中国外贸基本盘依然稳健

目前，虽然世界经济和中国外贸受疫情影响，数据下降幅度很大，但是从 2020 年整年或者中远期来看，中国外贸的基本盘依然稳健，这次疫情对于外贸的影响其实跟历史上的几次经济大萧条和金融危机是有很大区别的。

比如说 2008 年的全球金融危机，其实是由于基础资产恶化导致的金融风险，而这次疫情导致的危机的本质是病毒和健康，而且疫情最终还是会被控制的，相信 2020 年下半年随着内需的增长和新外贸模式的发展，中国的经济会越来越好。

2020 年疫情对外贸的影响最值得我们参考的历史案例是 2003 年的非典型肺炎疫情（以下简称“非典”）。2003 年 4 月，由于非典的影响外贸数据

开始回落，下降幅度大概是10.7个百分点，到2003年下半年因为非典被有效控制，中国的外贸出口数据马上恢复正常，其后一年，外贸出口数据持续利好，增长趋势非常明显。目前，中国的疫情已经得到初步控制，海外各国也采取了最严格的防控措施，并且针对疫情推出了经济复苏的货币政策和财政政策，所以未来世界经济和中国外贸会逐渐复苏，并持续增长。

目前，从贸易出口模式来说，中国的贸易采用“一般贸易+加工贸易+跨境电商”相结合的模式，相对较成熟。跨境电商的飞速发展，进一步促进了中国外贸结构的优化，2020年中国跨境电商依靠在线外贸的新优势，在稳定中国外贸出口方面发挥了积极的作用。

此外，疫情真正影响的产业是高精尖产业，比如飞机和汽车制造；日用消费品产业的需求是只增不减的，比如说食品、家居用品。海外疫情持续存在的情况下，消费者宅在家里，“宅经济”相关的产品，通过跨境电商渠道反而卖得更火爆，部分品类甚至出现脱销。

再者，中国具备最完善的工业门类和扎实的制造业基础，全世界400多种工业制成品中，220个品种中国制造的水平居世界第一，所以说扎实的制造业基础和供应链优势，将使中国制造在未来很长一段时间内影响世界消费市场。2020年的中国外贸，经历波折，但是基本盘稳健，一定会稳中有升。

三、中国成为东亚贸易圈重要市场

2020年的疫情对于世界经济和国际贸易的影响是市场份额、国际影响力、格局需重新划分。大家都知道在2020年疫情来临之前，世界经济的中心在美国、欧洲和日本。全球外贸行业的目标市场大概可以分为北美、欧洲和东亚三大市场。

目前中国最早走出困境，疫情得到了非常有效的控制，给全世界的疫情控制作出了表率，欧洲和美国的疫情依然较为严重。目前中国的经济最早开始恢复，加上跨境电商的崛起，2020年的世界供应链以中国为代表的东亚贸易圈为重点和中心。

其实近几年中国的高端数字化产业一直领先于时代和世界。目前，中国的云计算、大数据、5G、智能材料、工业机器人等行业发展迅猛，且中国有4亿中等收入群体，消费市场巨大，所以，当前的中国当之无愧地会成为世界上最大的市场。

此外，中国政府的供给侧结构性改革，持续优化中国的经济发展质量和投资环境，所以2020年的中国是全球较为优质的投资市场，大量的海外资本会持续涌入中国市场。

四、中国主要贸易伙伴多元化

疫情持续存在的情况下，传统的欧洲市场和美国市场纷纷陷入困境，“一带一路”市场的机会非常大，虽然2020年全球经济疲态，但是“一带一路”市场在逆势增长。东盟市场因为受此次疫情影响较小，各项经济数据持续增长，当下，东盟很有可能成为中国最大的贸易合作伙伴。

2020年跨境电商给中国的外贸出口带来了机遇，通过在线贸易，外贸出口可以打破限制，最大限度地开展贸易。

其中，最大的亮点应该是从2019年开始“火”起来的“东南亚电商”，目前，东南亚的疫情控制非常有效果，且东南亚市场对于中国商品有很大的需求，物流也非常方便。不久的将来，东南亚市场的价值会越来越充分地体现出来，东南亚会成为中国重要的贸易合作伙伴之一。

另外，值得重视的市场就是非洲市场，目前非洲有7亿人口，通过跨境电商、在线贸易，中国和非洲具备非常大的外贸合作空间。

五、跨境电商成为出口贸易的重要模式

其实跨境电商在中国已经发展多年，在疫情持续的情况下，跨境电商展现了其特殊价值，目前海外疫情依然严峻，我们也不确定海外疫情具体到什么时候结束，但是有一点可以非常肯定，那就是疫情的持续，很可能使跨境电商成为外贸的主流模式。

六、当下跨境电商的优势

2020 年的世界已经进入 5G 时代，智能手机的普及使整个世界进入移动互联网时代，而跨境电商就是移动互联网时代应运而生的贸易模式。

跨境电商最大的优势是可以通过互联网数据化模式，突破国家限制、空间限制，实现买和卖的精准匹配，将市场最大化。

跨境电商在疫情期间给包括中国在内的世界各国都提供了巨大的商业机会，也为企业和区域经济发展提供了新的动能。

疫情出现以后，笔者一直在做数据调研和企业调研，结果发现疫情持续下，线下贸易受阻，但是线上贸易成交额暴涨。美国 2020 年 3 月的在线数据流量增长率是 48%，亚马逊更是招募了 10 万名新员工应对线上贸易的增长。2020 年因为疫情，跨境电商的优势发挥得淋漓尽致。

从世界范围来看，疫情持续下，跨境电商最早解决的是口罩、消毒水等防疫产品的出口。中国这样的口罩生产大国，通过跨境电商的销售渠道和平台，第一时间快速地满足了海外各国对防疫产品的消费需求，非常好地满足了世界安全需求，给整个世界提供巨大的帮助。

疫情持续下，跨境电商促使企业转变销售模式，开拓新的市场模式，各大外贸企业纷纷转战在线市场。2020 年对于大多数传统外贸企业来说，转型成为跨境电商的真正价值在于通过跨境电商开拓新的市场，从传统的欧洲市场和美国市场转到新兴市场，这对于外贸企业来说是一个商机。

跨境电商让企业转变目标客户。传统的外贸企业做的是 B2B 线下贸易订单，而通过亚马逊、阿里巴巴国际站等跨境电商平台，很多企业转型做零售，不仅仅提升了利润，更建立了品牌。

2020 年的世界经济和采购模式，因为跨境电商也发生了巨大的变化，移动端、碎片化、在线化成为主要特征，海外客户的采购年龄也变得越来越小，“90 后”采购商甚至“00 后”采购商正在进入国际贸易采购市场。通过跨境电商模式，中国的外贸正在经历成长和蜕变，后期会越来越好，越来越强大。

七、跨境电商引领世界经济贸易的变革

跨境电商不仅仅突破了国家间的壁垒和隔阂，更引领了整个世界贸易的变革。

目前，世界各国都很重视跨境电商的发展，跨境电商让整个世界找到了恢复经济的动能。

当下，跨境电商会加快整个世界供应链的调整和升级，通过数据的力量重构全球的价值链和产业链，所以跨境电商会发展得越来越好。

第二节　当前的海外物流

疫情对于广大跨境电商企业来说，最担心的应该是国际物流，作为外贸出口跨境电商最核心的一个环节，国际物流正在面临运力大幅度下降、成本大幅度上升的困境，这对于危机之年的外贸企业来说，必然是雪上加霜。

一、疫情下国际物流面临的问题

疫情持续下，国际物流面临的问题主要有如下四个：

＊ 疫情持续下，广大制造企业外贸出口额大幅度下降，这必然会影响物流公司的效益，海外目的国也因为疫情减少了航班的班次，海外物流运力下降、效率降低。

＊ 物流价格持续上升，这是困扰广大跨境电商卖家的核心问题。疫情持续下，目的国减少航班班次，派送货物的成本自然增加，这对于很多本身产品利润就不高的跨境电商卖家来说影响肯定是巨大的。

＊ 疫情下，亚马逊规定暂停非生活必需品的入库，这直接导致 FBA（Fulfillment by Amazon，亚马逊物流）头程的物流商面临巨大的生存危机，而第三方海外仓迎来巨大的市场机遇。

＊ 国际物流速度变得非常慢，丢件比例增加。疫情持续下，国际物流航

班班次不稳定，尾程的派送效率大大降低，这直接导致了国际物流的到货时间延后，丢件比例增加，大大增加了跨境电商卖家的售后服务成本。

二、疫情下的空运和海运物流情况

（一）国际海运情况

无论是传统外贸还是跨境电商，国际物流的主要运输方式无非空运和海运，疫情持续下中国外贸出口量下降，这自然会影响空运和海运的出货量，我们首先来看看详细的统计数据。

根据中国集装箱行业协会的最新统计数据，2020 年前 3 个月中国大型港口企业收入下降 5% ~20%，航运企业收入下降 15% ~30%。

目前海外疫情形势依然严峻，很多国家已经采取了封国和封城措施，大多数人在家办公、隔离，交通也有限制，所以，海运港口的疏散变得越来越慢，目的港的港口也变得非常拥挤。已经有多家船公司纷纷取消了海运班次，随着疫情的持续，非医用、非刚需的物流运力会继续减少。

不过相对于欧洲和美国，东南亚和日本、韩国的海运情况就好很多，目前基本上正常，这对于很多做东南亚市场的跨境电商卖家来说是一个机会。

（二）国际空运情况

对于广大跨境电商创业者来说，空运物流是主流，无论是 EMS 还是 E 邮宝都是首选。疫情持续下，相对于海运，空运的情况好很多。目前我国的航运大部分选择客机腹舱运输，但因为疫情国际航班部分停运，所以全货机、民用机也在承担国际空运的物流工作，国内外航空公司纷纷启用了客运飞机执行货运工作。但是，物流成本在持续攀升。

拥有专业服务能力的航空公司迎来了行业的春天，因为包括防疫产品在内的刚需产品必须通过航空运输，此外还有大量的跨境电商民用产品需要通过航空运输，供不应求，价格自然水涨船高，所以这些拥有固定客户和专业能力的航空公司收入颇丰。

三、阿里巴巴的菜鸟国际物流

疫情持续下，阿里巴巴的菜鸟国际物流体现出了很多优越性，菜鸟国际的全球包裹网络具备智能和普惠的特点，为广大跨境电商卖家提供了非常便捷、优质、廉价的国际物流，通过菜鸟的海外仓，广大跨境电商卖家能通过国际物流体系快速运输货物。

疫情下，航空运输的成本增加了好几倍，航空临时舱位基本上没有了，但是阿里巴巴的菜鸟国际物流通过大数据算法和跨境物流体系，提前锁定了包机航线，并且在2020年3月、4月加开了200架包机，这些措施基本上满足了跨境电商卖家的国际物流需求。

（一）菜鸟物流的价格更合理

疫情持续下，整个跨境电商物流体系的价格上涨，但是阿里巴巴的菜鸟国际物流依靠整个阿里巴巴经济体，通过跨境电商的数据化物流，让国际物流实现了智能化、可视化，既有商业性又有普惠性。从目前来看，菜鸟国际物流的价格比商业物流的价格低很多，而且速度比商业物流快得多。

（二）关于菜鸟的海外仓

疫情持续下，特别是亚马逊封仓事件以后，海外仓的价值体现出来了，菜鸟国际物流和速卖通很早就在欧洲几个主要的国家布局了海外仓，菜鸟国际物流的海外仓在这样一个特殊的历史时期更体现出其价值。为跨境电商卖家提供从国内提货到发货，再到海外仓储的全链条服务。

同时，针对这次疫情，菜鸟国际物流还启动了“千万补贴计划”，帮助跨境电商卖家备货，并且将免租金政策延长到了90天。

（三）疫情之下的海外仓建设

2020年亚马逊的封仓事件让许多跨境电商卖家，特别是那些拥有资金和海外资源的跨境电商卖家意识到了海外仓建设的重要性。笔者公司就有自有海外仓，每个月都会通过海运的方式把我们的产品运输到美国的自有海外仓。关于海外仓，现在大家探讨最热的话题就是要不要自建海外仓。

关于自建海外仓，笔者根据所在公司多年的运营经验和大家分享一下体会：

* 企业通过自建海外仓，可以更自由地把控发货和仓储，根据自己店铺的销售节奏安排生产和发货，如果遇到亚马逊封仓之类的事件，可以自如应对。

* 自建海外仓，订单显示的发货地是目的国本土，这样客户对我们的信任度及我们的发货效率会非常高，产品的零售价格自然也可以提高。

* 自建海外仓的企业可以提供更灵活和便捷的售后服务，比如说产品破损的售后、产品的技术指导等。目前，跨境零售最大的问题应该是不能提供完善的售后服务，而自建海外仓可以非常好地解决这个问题。

但是，自建海外仓的缺点也非常明显，比如说自建海外仓前期需要投入巨大的成本，这对于一些初创的跨境电商企业来说是一个非常高的门槛。此外，自建海外仓企业需要自己负责对外贸易、通关等手续，这对于一些小微外贸企业来说会承受很大的通关手续压力。

四、亚马逊封仓事件以后，选择 FBA 还是第三方海外仓

虽然亚马逊、eBay 等跨境电商平台都有自己的仓储，但是对于卖家来说，选择比较少，这次封仓事件更是让广大中小卖家陷入困境。

下面，笔者向大家分析一下亚马逊的 FBA 和第三方海外仓的区别。

首先，FBA 官方仓库对于卖家的产品有限制，卖家只能选择适合跨境电商销售的产品，比如爆款、利润高、适合跨境物流的产品。如果卖家选择第三方海外仓，选择产品的余地会更大，比如大体积的产品、自己定制的新产品等。

其次，第三方海外仓服务更灵活，FBA 发货模式中亚马逊不会提供头程的清关服务，但是一些第三方海外仓的服务商会提供比较全面的清关服务，因此，第三方海外仓更适合中小卖家。

再次，亚马逊 FBA 对于卖家的要求更高，比如说产品要黏贴上亚马逊官方的标签等，第三方海外仓就灵活得多。

最后，产品入库以后 FBA 官方也有很多限制，比如说货物一般要被分开

安放的，而第三方海外仓可以根据客户的要求灵活处理。

五、第三方海外仓服务推荐之邮差小马

邮差小马是笔者倾向推荐的一个跨境物流服务解决商，目前邮差小马也提供海外仓服务，这是能选择的比较可靠的第三方海外仓服务商。邮差小马在洛杉矶、纽约、新泽西等几个城市拥有仓库，也配备了华人担任海外仓运营人员，非常适合中小外贸企业的实际需求，可以帮助跨境电商企业完成一件代发、退货、换货、换标志灯、拆柜子等工作。此外，它还对接了 FBA 和 eBay 的系统。

六、选择海外仓应该注意的问题

疫情持续的情况下，第三方海外仓服务商纷纷抢占市场，但他们的水平参差不齐，大家在选择第三方服务商的时候，可以考虑以下几点：

* 海外仓有多大面积，是不是自有的仓库。

目前，很多在海外的华人为了赚钱把自己家的车库空出来做海外仓，所以中小跨境电商卖家选择海外仓的时候，首先要问清楚海外仓的面积有多大，是不是对方自有的仓库。不要被低价吸引，最终让自己陷入麻烦。

* 海外仓的成本是多少。

一般来说，第三方海外仓服务商的价格比较灵活，有些个人海外仓服务商可以接受洽谈价格。合理的仓储费用，对于企业长期经营来说可以节省不少成本。

* 是不是拥有专业的海外仓运营团队。

海外仓运营团队的人员最好熟悉当地目标市场的规则、法律，了解货物运输。此外，团队中最好有专业的清关人员，以及熟悉中国市场的华人。这对于很多中小微卖家来说，选择海外仓的门槛会低很多，也能真正解决企业的问题。

* 第三方海外仓是不是具备信息化管理系统，比如物流的信息化追踪系统、仓库管理系统、货物管理系统等。其他的服务最好也有信息化支持，比

如柜子出口、清关、退税等的信息化。

七、使用海外仓应该注意的问题

海外仓虽然代表着跨境电商的未来，但是对于广大跨境电商创业者来说，使用海外仓也要谨慎。大家在使用海外仓的过程中应该注意以下几个问题：

（一）什么样的产品适合做海外仓

大家使用海外仓之前一定要做商品调研，选择比较畅销的、货物周转率高的产品，这样才能快速回笼资金，避免滞销品带来的经营压力和资金压力。

（二）海外仓的产品一定是客单价高、利润高的产品

这点非常好理解，利润高的产品带来的收益可以抵消海外仓经营风险带来的压力和损失。

（三）海外仓产品的清关问题

目前，海外仓服务商的专业能力主要体现在清关上，一些不专业的海外仓，可能因为业务人员能力差，最终导致大批货物清关出现问题，给跨境电商卖家带来风险。

（四）海外仓产品的滞销问题

这是使用海外仓可能遇到的最大问题，比如运出大量的货物，结果在海外卖不动，带来库存压力、资金压力和其他成本压力等。大家使用海外仓之前除了要进行上文提到的数据分析，也可以进行小批量的测试销售，有稳定的销售量以后再选择大批量发货。

（五）海外仓的法律风险

海外仓在法律层面的问题还是很多的，比如税的问题，这是困扰跨境电商卖家多年的痛点。另外一个就是知识产权问题，目前各国都对海外仓加大了监管力度，销售没有获得知识产权的产品将会带来巨大的风险。

第三节　首届网上广交会，看线上和线下的融合

2020 年 4 月 7 日国务院常务会议决定，第 127 届广交会于 6 月中下旬在网上举办。广交会作为中国历史悠久的传统展会，已不是第一次与网络结合，早在 2003 年的非典时期，就出现了网上广交会，2007 年广交会更是推出了在线模式的 365 天广交会，只不过在线模式，仅仅作为线下广交会的补充和辅助，而 2020 年因为疫情，线上广交会成为主角。

一、线上广交会的意义

2020 年在疫情持续的情况下，笔者认为推出线上广交会对中国外贸和世界进出口贸易产生以下积极的意义。

（一）从政府层面传递稳外贸的信心

在 2020 年这样特殊的年份，中国外贸压力重重，线上广交会其实是从政府层面向民众传递稳外贸的信心，在线模式不仅仅可以延续广交会，保持其连续性，避免展会中断带来的客商流失，而且通过这样的线上、线下的融合模式，可以促进 2020 年的外贸出口，给中国出口商和海外采购商信心。在这样一个特殊的历史时期，信心比黄金更重要。

（二）探索广交会的发展趋势和方向

在跨境电商数据化贸易时代，传统的线下模式如何顺应时代的发展，一直是广交会这几年思考和探索的方向，笔者认为未来广交会的发展模式一定是线上和线下结合。这次线上广交会的举办，对于广交会的转型有非常重要的探索价值。

（三）精细化运营是网上广交会的核心

传统广交会的线上模式在很长时间里只是粗放式经营，主要做的还是

为线下交易提供服务，但是2020年的线上广交会提出了更高的数据化要求，比如云计算、大数据、工业互联网等。所以，广交会从线下模式转型到线上模式，企业应精细化运营，深耕细作提高自身的数字化能力。

（四）线上广交会体现了中国优质的数字化基础建设

作为中国历史悠久的传统展会，每届广交会有210多个国家和地区的约20万家采购商与会，出口额更是在2 000亿元到3 000亿元人民币之间，传统的广交会在线化，对于数字化基础建设提出了非常高的要求。目前，中国的数字化基础建设全球领先为在线广交会的成功举办奠定了基础。

（五）线上广交会进一步推进跨境电商发展

2020年的疫情最大限度地推进了跨境电商在中国的发展，新外贸、数据贸易、跨境电商会在未来几年内成为中国外贸出口的主流模式。为了以新业态助力外贸克难前行，除了网办广交会，2020年4月7日国务院常务会议还决定增设46个跨境电商综试区，推广促进跨境电商发展的有效做法，实行对跨境电商综试区零售出口货物按规定免征增值税和消费税、企业所得税核定征收等支持政策；研究将具备条件的跨境电商综试区所在城市纳入跨境电商零售进口试点范围。

二、外贸企业如何赢在线上广交会

面对中国的“线上广交会”，很多外贸企业跃跃欲试，毕竟作为中国第一展会的广交会，具备大量优质的采购商。

为此笔者专门在外贸社群进行了问答调研，发现虽然广大外贸企业对于线上广交会非常有兴趣，但也有很多企业有疑问，比如线上广交会模式跟阿里巴巴、中国制造网等老牌B2B电商平台有什么具体的区别，操作难度大不大，适不适合传统的外贸企业，自己的商品是不是适合在线模式，最终的成交比例会是多少……

带着广大外贸企业的疑问，笔者专门调研了广交会的官方网站信息。根据商务部的权威解读，为了开好线上广交会，广交会官方在展会前会通过培训的方式让2.5万家外贸企业顺利完成商品的在线展示。

线上广交会根据大家熟悉的原实体展的格局进行设置，也分出口展和进口展，线上广交会完善了多种语言并通过系统查询的方式，使采购商便捷采购。此外，线上广交会平台还重点推荐了优质商品和品牌商品。最终通过会前培训的方式让大家了解掌握广交会的操作细节。

笔者认为，对于线上广交会的系统操作，广大外贸企业不需要特别担心，因为大部分外贸企业均有电商平台运营经验，而且要相信线上广交会系统的便捷性、简单性，毕竟简单、容易、快速上手是电商平台最大的优势。

外贸企业如果要做好线上广交会，还应该精挑细选企业内部善于电商运营的外贸业务员，比如对于数据分析、店铺推广、引流、店铺装修等有经验的外贸业务员。

三、吸引流量依然是线上广交会成功的核心

广交会相对于其他的B2B平台，其含金量更高，广大外贸企业要赢在线上广交会，核心还是吸引流量，这个逻辑跟我们做电商平台的推广是一样的。

如何提高线上广交会店铺的流量，笔者的建议是，首先应该选择最畅销和最吸引人的产品，然后像操作电商平台的方法一样上传相关的企业资料，设计吸引人的店铺，发布视频、音频资料。线上广交会的很多客户应该是老客户，所以前期的邀约也是增加广交会店铺流量的渠道。

其次，密切关注广交会官网信息，了解广交会云上培训的相关信息和线上广交会的动态信息。

关于线上广交会的询盘回复和成交，基本上可以参考做外贸电商平台的操作经验。

外贸企业培训员工的时候，可以针对网上广交会拟定专门的回复模板，统一格式。针对目前的复工复产情况，所有人员也可以有统一的口径。

四、关于线上广交会的选品策略

和电商运营的专注逻辑一样，线上广交会成功的核心和前提还是选品，对于长期专注线下模式经营的传统外贸企业更是如此。你要考虑的首要问题是你的产品适不适合在线展示，因为客观地说某些传统外贸企业的产品不适合在线展示。

选品应该参考电商平台的数据，选择新奇、畅销的产品或者有自己的专利和技术门槛的产品。除了符合互联网特征，产品还应该具备非常好的视觉冲击力，借助视频、炫酷的音乐展示产品，吸引客户点击。这就是互联网吸引流量的策略。

五、线上广交会需要准备的宣传资料

根据笔者的调研，每个参加线上广交会的企业应该准备 10 个展品的宣传材料，每增加 1 个展位，至少要增加 5 个展品的宣传资料，包括商品说明书、视频演示材料、相关宣传资料等，还需要中英文宣传视频等。

六、线上广交会直播间，海外直播怎么运营

笔者调研社群的广大外贸企业后发现，大家最担心的问题还是对直播模式比较陌生，很多传统外贸企业从来没有接触过直播模式。对于外贸企业来说，想做好广交会的直播，应该从以下几个方面做准备：

（一）选择和培训直播业务员

选择形象好气质佳的外贸业务员，而且最好会中英双语，当然会小语种更具优势。关于直播业务员的培训建议，首先，直播模式在国内已经非常成熟，在抖音等短视频平台以及阿里巴巴国际站有很多免费的培训视频，外贸业务员可以重点学习一下；其次，找专业培训公司开展培训。

（二）搭建和设计直播展厅

直播展台的布局要符合产品和企业的特征，也要符合目标国家（地区）

的文化和风俗习惯。

（三）设定直播目标

做直播之前无论是选品还是选择业务员最终都是为获得流量、订单，展示品牌价值、企业形象服务，这个目标业务员必须明确。

七、线上广交会帮助外贸企业开拓内贸市场

目前疫情依然持续存在，所以短时期内中国外贸出口企业的业务开展依然非常难，线上广交会也承担着帮助外贸企业对接内贸电商平台的价值。通过线上广交会的产品展示，可以引导外贸企业对接阿里巴巴、拼多多、京东等电商平台，推动外贸企业开展内销业务。

八、中小企业开好线上广交会的难点和门槛

笔者作为一个有 17 年外贸一线经验的资深外贸人，也谈点自己对于线上广交会的思考体会。笔者认为，中小外贸企业开好线上广交会面临的困惑包括以下几点：

（一）线上广交会整体的费用投入是多少

大家都知道，线下广交会需要花费一笔非常大的费用，包括摊位费、人员费、住宿费等。而线上广交会也有入场费，以及后期的推广费用，具体费用是多少，要根据企业的实际情况制定计划。

（二）传统 B2B 企业如何适应 C 类或者小 B 类买家

大家都知道，参加广交会的供应商大多是长期做大额订单的，但是线上广交会的模式类似于 B2（小 B）或 B2C［B2B，Business to Business，企业对企业，B2（小 B）意为企业对小规模企业，都代表批发；B2C，Business to Customer，企业对个人，即零售］的模式，那同一产品怎么同时满足 B 端和 C 端客户的需求呢？如果一个传统的 B 端的供应商，吸引的都是 C 端买家，那

他的生意怎么做？反之也一样，如果一个 C 端模式的供应商，吸引了大额采购商，他也同样面临如何消化客户订单的问题。

（三）广交会的采购价值会不会被稀释

在传统的线下广交会模式下，客户不远千里来到中国广州，花费巨大的时间和金钱成本，所以采购商的采购目标精准，采购意向高，这也是广交会的核心价值。如果广交会变成在线模式，广交会的流量里面有多少高质量的采购商？这些采购商有多大采购能力，转换率是多少？

（四）传统的大额采购商能不能适应新的采购模式

广交会中很多采购商是非常传统的，喜欢线下模式，让这些传统的采购商通过在线模式采购，很多客户未必适应。客户所在国家的网络基础建设、语音翻译软件等都会影响客户的采购效率。

（五）数据流量价值、客户真假、转化率如何考核

线上广交会的流量数据如何考核，客户询盘是否真实，客户是不是真正地适合企业，后期广交会成交量的数据如何统计，这都是需要大家思考的问题。成千上万的供应商同时在一个平台展示产品，会不会带来过分的比价、流量稀释，或者说许多普通的广交会供应商分享不到足够流量等问题。

第二章　我国外贸企业发展形势

第一节　当前的外贸企业众生相

2020年注定是不平凡的一年，作为2020年最大的“黑天鹅”事件，疫情让中国外贸出口企业体验到了什么是“生死之年”。

本节笔者从外贸人的视角来跟大家聊聊，疫情持续下外贸企业的众生相。

一、疫情持续下一线外贸企业“众生相”

（一）虽然有所影响，但是整体趋势平稳——温州廖总

温州廖总的企业是生产、出口不锈钢制品的工贸企业。2020年5月笔者采访廖总的时候，他的反馈是目前疫情对他的企业的影响不是特别大，企业复工已经超过一个月了，各项指标都在稳定恢复。关于疫情对企业出口的影响，廖总持观望态度，因为他们生产的不锈钢产品属于技术密集型产品，海外市场对于他们的产品依赖程度比较高。目前日本、韩国、伊朗、新加坡等国的订单还较为稳定，但是意大利市场受到了一定的影响，因为意大利封城，无论是物流端还是最终消费端都受到了影响。对于疫情带来的市场风险，廖总说，因为其企业的产品是高科技产品，市场接受度比较高，目前除了传统的欧洲和美国市场，他们也在积极开拓新兴市场，疫情对企业虽然有所影响，但是总体趋势平稳。

（二）我们亚马逊店铺的销售数据下降了66%——亚马逊大卖家 Lily

Lily 是一个“80 后”亚马逊跨境电商平台创业者，2019 年其户外箱包产品的销售表现不俗，收入约为 4 000 多万元人民币。2020 年，国内疫情爆发的时候，因为其海外仓库存充足，亚马逊的销售数据并没有下降，但是海外疫情的爆发，特别是欧洲和美国疫情爆发后，Lily 亚马逊店铺的销售数据出现断崖式下降。对于 2020 年的运营规划，Lily 说会考虑调整品类，比如选择跟防疫相关的产品。疫情下，消费者不出门或者减少出门，所以户外非生活必需品的销售量会大幅下降，这是不可抗拒的趋势。

（三）疫情全球蔓延既给国际贸易带来挑战，也给某些产品的出口带来机会——宁波盛总

盛总的企业主要生产室内家居类产品，企业的互联网渠道做得非常好，因为疫情，消费者外出机会减少，宅在家的机会增加，所以盛总公司生产的室内家居产品销售额增加，目前公司的订单安排得非常满，而且企业已经完全复工生产。对于 2020 年的销售数据，盛总更是信心满满，因为很多小微企业因疫情而倒闭，被清理出市场，他们品牌企业的核心优势更明显了。2020 年盛总会进一步加大企业的品牌建设和市场开拓力度。

（四）2020 年国内外“两条腿”走路——宁波陈总

宁波的陈总的工厂是生产 DIY 工艺礼品的，疫情持续下，陈总工厂的订单量没有受到特别大的影响，也没有特别大的增加。对于 2020 年的市场规划，陈总说：“今年会重点开拓内贸市场，通过淘宝、天猫和京东平台等拓展客源。”所以，2020 年对于很多外贸出口企业来说，开拓内贸市场，内贸、外贸“两条腿”走路会是非常明智的选择。

（五）关于四个案例的总结

上述四个案例代表着疫情期间外贸企业真实的现状：温州廖总的企业在疫情持续的情况下的感受是尚能适应，其产品高科技含量，技术门槛非常高，海外市场对于产品的依赖度高，所以疫情对他的企业的影响有限。

而做亚马逊跨境电商零售的 Lily 是受疫情影响最大的，因为其产品是户外非生活必需品，海外疫情爆发，消费者大都宅在家里，这些品类受到的冲击自然最大。但是，由于 Lily 的公司是贸易型跨境电商企业，可以很快做出调整和反应，重新选择品类，后续我们也采访了 Lily，她表示调整品类后店铺经营情况良好。

盛总的案例也非常典型，他代表享受到“宅经济”和跨境电商红利的那部分外贸企业。其实在疫情下，很多符合宅经济需求的企业，部分品类脱销。2020 年的疫情给广大传统外贸企业上了一课，那就是跨境电商代表着中国外贸的未来。

做 DIY 工艺礼品的陈总选择的出路也非常具有代表性，海外市场持续受挫，开发内贸市场不失为一个好的选择。但是，根据我们后期的市场调研，外贸企业转型做内贸市场会面临更复杂的问题。当然也有一部分外贸企业转型取得了非常不错的业绩，比如宁波政府联合拼多多所做的活动。

二、疫情持续下，跨境电商企业面临的困境和问题

聊完了真实的案例，我们再从宏观上来聊聊疫情给中国外贸企业带来的危机、压力和机遇是什么。

关于 2020 年的疫情，外贸圈流传着这样一句形象的话语：中国打上半场，国外打下半场，而外贸人在打全场。

很多外贸企业面临客户取消订单或推迟订单，销售额下降的困境。很多已经有序复工的外贸企业陷入了二次停工停产，比如温州的鞋工厂、浙江象山的服装工厂均有二次停工的现象出现。

目前，海外疫情使很多小微企业生产停滞、人员放假，那些停工的小微企业很多是规模以上企业的下游供应商和材料供应商，这直接影响了中国外贸出口企业的复工复产。

三、海外疫情对于外贸企业的影响

（一）疫情带给外贸企业的风险

2020 年的疫情还在持续，大部分外贸企业受到非常大的影响，目前外贸

企业面临的问题主要有以下几个方面：

1. 订单取消、海外需求锐减问题

这是疫情下外贸企业面临的最大问题。目前，海外市场停滞，实体店关门，户外家具、服装、鞋子等订单纷纷取消。美国等发达国家汽车工厂停工，直接导致了国内汽车配件订单取消。

此外，中国的外贸企业大多是劳动密集型企业，企业订单取消，工厂自然入不敷出，所以大量的外贸企业面临生存危机。目前，笔者调研的数据结果显示 45% 的传统外贸企业面临订单取消带来的经营风险。

2. 企业资金紧张

海外订单取消，企业有人员工资和其他费用的支出，传统的外贸小微企业的现金流一般不会超过 2 ~3 个月，所以企业的资金自然紧张。调研的数据反馈，目前超过 7 成的外贸出口企业因为海外疫情出现资金问题。

3. 海外物流和通关难

疫情爆发下，国际物流受阻。根据笔者调研的数据显示，目前因为疫情货物运输受阻的订单的比例大概是 16% 。外贸企业的普遍反馈是国际物流的效率大大下降，而且成本大大增加。

4. 供应链效率下降、综合成本持续增加

供应链效率下降是困扰外贸企业核心的问题之一，在疫情早期很多跨境电商企业就因为断货或者缺货而不能按时发货，导致店铺经营困难。目前海外疫情持续存在，部分企业停工，这直接导致包括原材料、包装材料供应在内的下游供应链效率下降、成本上升，这也给外贸企业带来经营压力和经营风险。

5. 客户直接流失、综合管理成本增加

还有部分外贸企业，由于疫情海外客户直接流失，而且不可恢复，原因是采购商直接破产倒闭。一家外贸工厂最核心的资产就是优质的客户资源，这些客户如果完全流失，对于外贸企业来说是危机重重，因为哪怕疫情完全过去了，这些市场也很难再做起来。

再者就是综合管理成本增加，比如员工流动使企业投入的管理成本增加，这对于部分中小外贸企业来说也是很大的压力。

（二）外贸企业应对危机

2020年的疫情让外贸企业，特别是传统的外贸企业承受压力，普遍的选择是控制成本、保存实力。目前，采取应对措施较多的就是裁员和开源节流。

（三）中国制造业会不会被取代，出现产业转移

目前这个话题非常火，很多专家学者认为，这次疫情过去以后中国的制造业会转移到越南、缅甸等劳动力更便宜的国家，还有一个声音就是欧洲和美国的制造业回流，美国会把制造业迁回本国。笔者的观点是不会的，因为疫情毕竟是暂时的，中国制造业、中国产品的优势明显，产业链基础非常稳固，中国商品的核心竞争力会长时间存在。

第二节　中国政府从顶层设计层面推动跨境电商发展

中国的传统外贸这几年一直陷入疲态，而以数据贸易为代表的跨境电商发展得如火如荼。

2020年，传统外贸的线下渠道的业务在疫情期间几乎归零，跨境电商在这样一个特殊的历史时期体现了难能可贵的优势和价值。

从全球范围来说，中国的跨境电商是世界领先的，跨境电商在中国之所以发展得如此迅猛，核心原因就是国家的重视和推动，目前中国政府从顶层设计层面推动跨境电商的发展。

一、国家为什么大力推动跨境电商发展

已经过去的2019年是中国跨境电商发展的里程碑的一年。2019年《中华人民共和国电子商务法》出台，为跨境电商企业制定了扶持政策，带来了红利。政策的颁布是因为国家看到了以跨境电商为代表的新外贸模式已经给外贸出口带来增量。

跨境电商可以帮助中国的外贸企业实现产业结构优化，比如可以形成品

牌，提高利润率，可以面对终端零售，让中国的出口走上产业链的高端、微笑曲线的两端。

近几年，政府大力倡导供给侧结构性改革，跨境电商就是中国外贸转型的最好抓手，它可以让很多传统的劳动密集型产业成功转型，完成消费升级。同时，它通过数据化的模式减少了流通环节，扩大了外贸市场，缓解了国内市场的压力。

关于外贸出口的通关效率，海关和税务部门也一直在进行数据升级和改造，让通关效率变得更高，更符合时代的趋势和潮流。

传统的外贸规则基本上是以欧洲和美国制定的海运规则为主，比如传统外贸的付款方式即信用证模式，就是典型的欧美中心思维。但是在数据时代，跨境电商可以通过在线贸易的模式来制定新规则，最终提高中国的国际话语权。此外，跨境电商可以配合“一带一路”倡议，推动我国外贸的发展。

再者，中国政府鼓励“大众创业，万众创新”，而跨境电商就是创业的项目之一，前景非常好。

二、2020 年的疫情促使政府更加重视跨境电商

2020 年一场突如其来的疫情，给传统外贸企业带来了严重的冲击和深远的影响，传统外贸订单取消，物流受限，通关效率下降，而跨境电商模式却展示出了优势，所以 2020 年国家对于跨境电商的政策支持力度更大，且更符合中小外贸企业的特征和发展趋势。

2020 年 4 月 7 日，国务院总理李克强主持召开国务院常务会议，推出增设跨境电商综试区，支持加工贸易、网上广交会举办等一系列措施，积极应对疫情影响，稳住外贸外资基本盘。

会议决定，2020 年在已设立的 59 个跨境电商综试区的基础上，再新设 46 个跨境电商综试区。这是中国政府从顶层设计层面进一步释放跨境电商政策红利。通过鼓励、扶持跨境电商，使中国外贸尽快恢复稳定，帮助外贸企业抵消疫情带来的风险和压力，是稳外贸的强有力的举措之一。

其实中国政府这几年一直在推动跨境电商的发展，比如从 2015 年开始设定首批跨境电商综试区，到 2019 年两会强调加快跨境电商等新业态发展，再

到2020年新增跨境电商综试区，国家从顶层设计层面推动跨境电商发展，为中国跨境电商企业营造一个非常好的环境。目前海外疫情依然非常严重，对于后疫情时代的外贸趋势和时代格局来说都存在很多不确定的因素，所以国家从政策层面加快推动跨境电商的发展，非常有效地缓解了疫情对中国外贸的冲击，稳定了外贸，增加了就业和创业的机会。

根据中国海关的数据统计，2020年前4个月中国的传统外贸出口数据大幅下降，但是有一个市场的出口数据在逆势增长，它就是“一带一路”沿线国家和地区的市场。跨境电商企业在“一带一路”市场取得了不俗的销量，这与中国政府对于跨境电商的支持政策密不可分。

这几年中国国际进口博览会也受到全球关注，中国国际进口博览会通过数据化的新零售，让电子商务和传统实体贸易紧密结合，使中国进一步参与了国际贸易规则的制定。

三、当前的国际贸易趋势和跨境电商政策

当前世界经济格局会重构，贸易利益会重新分配，世界的中心也可能发生转移。

在当前的贸易格局中，以中国为代表的亚洲市场将慢慢成为中心，而跨境电商会是中国后疫情时代的经济增长点之一。未来的世界市场也会给跨境电商提供更大的市场空间。

（一）未来全球商业在线化趋势明显

很多国内的消费者其实并不知道，中国的电商发展和电商基础建设是领先世界的。海外很多国家依然保持以线下渠道和传统的实体店模式为主的经营方式，这次疫情在某种程度上对海外市场进行了一次电商教育。疫情持续下，海外多国纷纷封城，人们宅在家里，工作、生产几乎全部陷入停滞。这倒逼了在线销售的发展，根据美国电商协会的数据统计，因为疫情在线销售的增量超过48%。

中国生产的日用消费品恰恰是疫情中海外市场急需的产品，比如口罩等防护产品、宅经济的产品，这进一步推动了中国跨境电商、云服务、跨境物流、移动支付、数据化物流的发展。

在当前，跨境电商变得更主流，成为海外消费者习惯性的、固定的消费模式。

（二）跨境电商给全世界的商业模式带来创新

疫情持续下什么样的商业模式最火爆，估计大家都猜到了，那就是现在在中国发展得如火如荼的直播和网红经济。对于跨境电商，直播也非常火爆，阿里巴巴、亚马逊、Wish、eBay 等跨境电商平台纷纷开拓了直播的模式，国际版的抖音（TikTok）更是被欧洲和美国的年轻人普遍接受，市场占有率非常高。

2020 年首届线上广交会也推出了网红直播项目，并且将其作为推广重点，这些都在一定程度上改变了整个世界的贸易规则和贸易模式，而国家的政策扶持，也帮助中国外贸出口企业快速转型升级。

（三）全世界的商业流通模式发生变革

2020 年的疫情让全世界的商业流通模式发生了变革，这样一场数据化的变革是非常彻底和系统的，比如物流数据化、获客数据化、资金数据化，还有区块链技术的发展、5G、移动互联网时代的消费升级、海外采购商的年轻化等。

（四）疫情让跨境电商成为世界贸易的主流模式

在疫情之前很多海外消费者习惯于在线下的实体店进行现金交易。而在疫情持续存在的情况下，在线采购、跨境消费、移动支付会成为常态，融入海外消费者的生活习惯中，5G、云服务、无人机、机器人、人工智能的应用，让后期无接触的商业服务得以实现，并成为主流服务模式，这样的市场变革为跨境电商的发展带来了历史机遇。跨境电商会更加迅猛地发展，而在中国，跨境电商行业有政策红利，所以，中国的跨境电商会更加快速发展，领先世界。

四、政策红利让跨境电商在中国有更好的发展

中国政府对于跨境电商是非常重视的，前文提及的跨境电商综试区目前已经达到 105 个。从国家层面推进跨境电商和电商的发展，这在其他国家是没有的。

中国很多的电商基础设施建设优于世界同行业，中国的移动支付更是让

全球望尘莫及，2020 年人民银行开始推动数字化货币，在移动支付的基础上，国家的货币数字化，会进一步加快人民币的国际化进程。通过跨境电商的支付模式，人民币会进一步摆脱以美元为主的支付体系的制约。

（一）中国市场的巨大红利和潜力

很多出口外贸电商人很少关注进口跨境电商，其实进口跨境电商的发展同样代表着中国市场未来的发展趋势，而这也和中国政府的政策红利密不可分。

在疫情之前，中国经济的“三驾马车”是投资、出口和消费。因为中国市场有巨大的需求，所以，中国成为世界上较大的消费市场之一，而跨境进口电商可以发挥重大作用。

中国的消费人口基数非常庞大，目前有 4 亿的中产阶级消费者，人民的消费水平持续提升，中国有巨大的市场红利和潜力。

近几年中国在跨境电商领域的政策红利也非常多，进口政策红利可以促进跨境进口电商的蓬勃发展，帮助外贸企业完成转型升级。

（二）关于粤港澳大湾区建设

目前粤港澳大湾区的建设是我国的重大项目之一，笔者认为跨境电商对于粤港澳大湾区的建设的价值也非常大。通过跨境电商，可以打通粤港澳大湾区的贸易壁垒，加强贸易流通，让人才、资本、物流、商流通过跨境数据贸易的模式提高效率，使中国香港、澳门和中国内地获得共赢。

（三）未来应该更进一步拓展跨境电商市场

疫情持续下，很多传统外贸企业抱怨生意难做，但是根据笔者的市场调研和数据分析，很多跨境电商企业的销售依然火爆，再加上我国政府颁布的跨境电商政策，我国外贸企业应该更进一步开发拓展跨境电商，充分利用数据化贸易，真正地利用和享受政府的市场红利。

地方企业应该利用跨境电商的政策红利，结合本地产业特征，引进龙头项目，并进行本地化培育，积极地开拓和发展跨境电商市场。比如利用海外仓、跨境物流、跨境支付等跨境电商网络来服务本地的跨境电商企业，助力外贸企业复工复产，稳定外贸。

第二篇

直面危机：跨境电商创业

第三章　跨境电商创业前的思考

第一节　我还可以利用跨境电商平台创业吗

一、直面危机：跨境电商创业

2020 年，在疫情持续存在的情况下，有些跨境电商企业在选品、资金、海外物流等方面陷入困境，部分跨境电商企业运营困难，经营压力较大。

近期，一个跨境电商创业者向笔者咨询："目前做跨境电商无论是 B2B 还是 B2C 都感觉压力很大，我很困惑和迷茫，现在应该继续坚持做跨境电商创业吗？个人跨境电商创业还有机会吗？"

这位跨境电商创业者在深圳，他告诉笔者，这几年，跨境电商创业的红利期慢慢过去，深圳很多的跨境电商企业裁员、缩减用工成本。

这几年世界经济波动，对于跨境电商一直有影响，有一年本应是旺季的"黑五"和"网一"，很多跨境电商卖家销量不佳。再者，跨境电商平台的产品利润被不断压缩，平台门槛不断提升，竞争者越来越多……2020 年又有疫情，一些户外非生活必需品的卖家直接被淘汰出局。

现在跨境电商还适合创业吗？对于个人创业者来说，在跨境电商平台取得成功的机会究竟还有多大？要说清楚这个问题，首先我们来复盘一下这几年跨境电商行业经历了什么，有哪些大事件影响了跨境电商。

跨境电商创业面临的核心问题

世界经济在最近几年一直动荡，导致了外贸采购需求不断波动，因此，很多跨境电商创业者的销售业绩起起伏伏。

近几年中国的外贸行业又经历了中美贸易摩擦，它除了对中国传统的外贸产生了很大的影响外，对跨境电商也造成了损失。

此外，由于美国启动了万国联盟程序，发往美国的很多快递物流费用上涨非常快。

客观来说，跨境电商轻松赚钱的时代已经过去了，未来跨境电商创业需要精细化运营，需要提高供应链能力，需要打造品牌和优质的客户体验。

对于跨境电商新人，笔者认为目前创业面临的核心问题是下面几点：

1. 税率的合规问题

中国跨境电商的高速发展在一定程度上影响了目的国（地区）的零售体系，所以这几年越来越多的国家完善了 VAT（Value-added Tax，增值税）政策，美国、日本和德国在近几年里都调整了税率。

未来跨境电商相关的税率肯定还会增加。这对于跨境电商创业者来说肯定是不利的。

2. 人民币和美元的汇率问题

这几年外贸人最担心的问题还是人民币和美元的汇率，由于多国汇率出现了大幅度的变化，无论是传统外贸还是跨境电商都受到波及，很多订单金额比较大的卖家损失较大。此外，汇率的波动会在未来几年影响外贸人的交易和利润。

3. 跨境电商平台的变化

2019 年跨境电商卖家特别是小微卖家都感到了压力，因为各大跨境电商平台都调整了政策，门槛不断提升。对于跨境电商卖家的资金实力要求越来越高，更重要的是，2020 年各大跨境电商平台更加“合规化”。比如各大跨境电商平台对于防疫产品的政策，对于违规的查处，对于侵犯知识产权的行为的查处都更严厉。

对于不合规卖家也开始大面积地排查和清理。还有就是平台的收费也越来越高，无论是速卖通、亚马逊还是 Wish。

4. 跨境电商行业利润率普遍下降

中国的跨境电商创业团队主要以七人以下团队为主，大型跨境电商企业和小型跨境电商企业分化非常明显。从近几年跨境电商行业统计数据来看，跨境电商创业者特别是小微跨境电商创业者的生存状态并不好，综合成本越来越高，利润越来越低，而且未来这样的压力会更大。疫情发生后大概有57.68%的跨境电商企业进行了不同程度的裁员。

那问题来了，既然跨境电商行业面临“大洗牌”“大转型”，跨境电商创业者特别是小微跨境电商创业者还有机会吗?

二、跨境电商创业者的机会

（一）跨境电商依然是大势所趋

跨境电商在中国发展多年，如果你在五年前开始做跨境电商，做亚马逊零售，只要你不是特别懒惰的话，你已经靠跨境电商生意安家立业了。

虽然2020年跨境电商领域出现了各种各样的问题，需要资金、人才和海外仓，但是由于国家的重视、平台的推进，未来五年依然是跨境电商的风口，我们要创业、要发展，最简单的方式和方法就是顺势而为。

（二）新兴市场和新兴平台是跨境电商的机会

2019年，大部分跨境电商卖家感觉亚马逊、Wish、速卖通、eBay等主流跨境电商平台的门槛提高了，收费也越来越贵，广告费用更是水涨船高。所以，很多跨境电商卖家感到悲观，但是，危险与机会并存。虽然主流跨境电商平台的门槛越来越高，传统的欧洲和美国市场也趋于饱和，但是，新兴市场和新兴平台在迅速崛起，比如东南亚的Lazada（来赞达）。中国政府的“一带一路”倡议也给跨境电商企业带来了巨大的市场和商机，所以跨境电商创业如果抓住新兴市场和新兴平台就会有很大的市场空间。

（三）未来几年跨境电商独立网站会成为主流

在国内，电商领域独立网站几乎没有市场空间，因为国内电商被几大超级电商平台垄断，但是在跨境电商领域，跨境电商独立网站一直拥有非常大的优势，特别是2019年各大跨境电商平台政策频繁变动，门槛越来越高后，跨境电商独立网站的机会更多了。

2019年独立站蓬勃发展，Facebook、Bing、Google都纷纷在中国推出了独立建站的跨境电商业务，很多跨境电商头部卖家加大跨境电商独立网站的建设力度，所以对于跨境电商创业者来说，未来几年跨境电商独立网站会带来巨大的商业机会。

三、跨境电商创业如何更好地顺应趋势

跨境电商在中国发展了这么多年，行业在不断地规范化，竞争也日趋激烈，跨境电商创业者想要在这个市场赢得利润就应该不断地调整自己，顺应趋势。笔者认为未来几年跨境电商创业者应该关注以下几个方面：

（一）合规化是重点

在跨境电商平台创业，首先要考虑的问题不是如何赚钱，而是如何更加规范，因为这几年有很多跨境电商企业因为侵犯知识产权，或是因为触犯平台规则被罚款。深圳几个超级大卖家在2019年被封店的新闻，让整个跨境电商行业为之震惊。因此，跨境电商创业者必须认识到跨境电商零售时代，规范、合规是最大的前提。

（二）品牌化、本地化趋势明显

跨境电商的品牌化，笔者已经谈了很多年了，从注册商标到打造品牌需要不断积累，跨境电商在粗放式发展阶段结束后，精细化运营是根本，品牌化是真正的出路，做品牌未必需要做得非常大，但是要做出差异化，做出特色。无论在阿里巴巴、速卖通、亚马逊还是Wish，没有品牌将很难生存。

本土化肯定也是跨境电商的未来趋势，包括与海外的客户一起运营跨境电商零售、建设海外仓等。

（三）降低成本和经营风险是关键

无论哪种创业方式，赚钱是我们的终极目的，近几年跨境电商行业的利润率普遍降低，所以降低经营成本、经营风险是我们重点要做的事情，比如精细化的人员管理、精细化的运营、精细化的物流成本控制。在2020年这样一个特殊的历史时期，降低成本、保证现金流是跨境电商创业的核心。

（四）轻资产是运营的关键

未来几年要做好跨境电商零售，轻资产变得非常重要，特别是库存率要降到最低，跨境电商已经过了暴利时期，未来几年利润率会越来越低，这也是一个行业正常的发展趋势。

（五）跨境电商企业的分化趋势会更加明显

2019年跨境电商行业的一个重要特点就是两极分化越来越明显，越来越多的优势资源集中到跨境电商大卖家手里，超过1 000人规模的跨境电商公司在深圳和广州等跨境电商领先城市越来越多，而实力不足的小微卖家不断被淘汰。

未来几年，无论是跨境电商小微企业还是行业大咖都会面临转型和调整，因为市场越来越饱和，越来越规范，对于卖家的要求也越来越高，如果我们不做出调整，必然会被淘汰。

跨境电商卖家应该积极拓展资金渠道，优化供应链，建设品牌。中小卖家应该发挥船小好调头的优势，做出特色和风格，从单纯地靠差价赢利，转型到靠品牌和服务为产品增值的良性道路。

未来无论是大卖家还是中小卖家，都有很大的上升空间。大卖家依靠资金、供应链和品牌优势，提高壁垒。中小卖家利用其灵活度较高的优势，若某种模式或某个平台不赚钱，马上调转船头奔向下一个目标。

从整个跨境电商市场来看，虽然欧美市场已经非常成熟，但还远未达到发展的“天花板”。随着海外消费者的需求升级，未来将有更多企业着力于打造品牌，建设服务平台，跨境电商卖家也将从赚产品差价的基础贸易时代步入凭借产品附加值和服务获利的时代。

四、跨境电商创业的几个热门问题

（一）个人还能不能做跨境电商创业

笔者对于个人在跨境电商领域创业并不是特别看好，因为平台门槛越来越高，如果你是单纯的个人创业者，没有足够的资金、人脉和运营经验，笔者不建议你在跨境电商领域创业。

跨境电商新人最好的就业选择就是找一家可靠的、大型的跨境电商企业，扎扎实实地学习和成长，这相对于个人创业会更加稳妥。

（二）没有跨境电商运营经验还能否做跨境电商

笔者认为跨境电商经营成功的关键并不是经验，现在无论是亚马逊、Wish、速卖通，还是阿里巴巴，都有非常完善的平台培训系统，只要善于学习、勤于学习，跨境电商的运营并不难。

跨境电商的制胜关键是优质的、有特色的产品，如果你没有任何经验，但打算做跨境电商创业，应该具备非常优质的产品和供应链，还应具备非常有竞争力的价格，一般情况下优质的外贸工厂具备这样的优势。如果你的企业是优质的外贸工厂，你可以转型做跨境电商零售。

（三）如何正确选择跨境电商平台

这是一个被多次提及的话题。目前，主流的跨境电商平台亚马逊、Wish、速卖通和 eBay 都在做政策调整，如果你是刚刚开始做跨境电商创业的新人，笔者首先推荐的是阿里巴巴的速卖通平台，速卖通平台的门槛不高，年费不贵，而且阿里巴巴的产品非常适合跨境电商新人，后台的操作界面非常简单、流畅，同时，阿里巴巴也提供了非常系统的课程培训。

除了速卖通，Wish 也是不错的选择。目前 Wish 的注册门槛不高，所以很多的个人创业者选择 Wish。笔者认为，没有资源、资本优势的个人如果去做亚马逊，成功的概率不大，因为亚马逊需要做海外仓，FBA 的压货模式让普通的小微企业压力很大。

（四）做跨境电商要注意的风险点

《中华人民共和国电子商务法》已经实施，它对于跨境电商和海外代购都有很明确的规定。这是跨境电商创业需要重点关注的。

对于普通跨境电商创业者来说，跨境电商选品也极为重要。跨境电商创业选品是第一关，如果选品成功创业就成功了一大半，所以跨境电商选品应该谨慎。

备货风险也是小微企业创业的风险点，如果选品不对，又备了大量的货，这对于创业肯定是有很大的风险的，所以一定要少备货，多尝试不同种类的商品，找到爆款以后再慢慢跟进。如果你做跨境电商没有找到爆款产品，后期你的店铺不会有特别好的销售成绩。

（五）跨境电商收款和店铺经营的风险

近几年跨境电商在收款和店铺经营上吃亏太多，比如说 2018 年 PayPal 的收款风险，以及小卖家因为侵犯知识产权、不懂店铺经营规则，店铺被封，都是小微创业者的风险点。

（六）创业是属于少数人的游戏

作为一个跨境电商创业者，笔者已经创业 17 年，一路走来感慨良多，回顾自己的创业之路，笔者认为适合自己就好，而且创业是小部分人的游戏。对于外贸创业者，笔者的建议是如果感觉市场前景非常好，就继续前进，如果感觉市场出现疲态了，就果断转身，毕竟作为一个生意人，一切以营利为目的。

五、当前的创业心态

当前，想做好外贸生意，首先要具备良好的心态。

（一）创业的心态

作为一名创业者，我们应该冷静和理性地看待 2020 年疫情带来的市场危机和困境，创业本身就是解决困难、实现自我成长和蜕变的过程，首先应该具备的就是积极的心态和拥抱变化的行动力。

笔者的家族企业目前为两家工厂，主营产品是宠物家具和 DIY 船模型。疫情发生以后，我们首先想到的是过往的经验，比如 2003 年的非典和 2008 年的世界经济危机，这样的危机和风暴一定是暂时的，创业者首先应该具备战胜困难的信心和勇气。

其次，就是顺应时代的趋势。疫情持续下，我们做了很大的调整，制定了数据化策略，将全部资源和力量集中到跨境电商渠道和国内渠道，目前我们的销售数据实现了逆势增长。

危机之下企业员工的心态会有负面的波动，比如裁员导致部分员工心态消极等，针对这种情况我们企业内部进行了系统的培训，鼓励大家在危机时刻跟企业同舟共济，一起战胜困难。风雨同舟、利益共享的团队才是有价值的。

对于创业者来说，应该有积极面对危机的心态，越是在危机下，越能考验创业者的核心能力，越能看清楚一个企业的缺点和优点，所以危急时刻是企业自我修复和自我完善的最佳时刻，不要浪费任何一个机会。

危急时刻创业者还应该融入创业生态圈，通过生态圈的互助和资源共享实现逆势增长，比如笔者就是一个典型的阿里巴巴创业生态圈的创业者。这次疫情，阿里巴巴创业生态圈出台了很多帮扶政策，比如春雷计划、阿里巴巴抗疫政策等，通过电商平台政策红利，笔者的企业得到很多资源。

传统外贸人往往是单打独斗、孤军奋战的，但是，越是在危机之中，大家越应该抱团发展，相互帮助，资源互补，一起成长。

2020 年很多业界大咖“唱衰”中国外贸出口，但是笔者通过数据调研发现，2020 年虽然疫情持续存在，但是中国外贸的基本盘依然稳健，所以，在危机之年，你选择什么样的思考方式，是不是拥有正能量的心态就显得非常重要。

危机之下创业者要提高自身的学习能力，疫情让很多传统制造业老板学会了在线销售、网红直播，尝试以拼多多和淘宝打开国内市场，所以学习能力有助于你在危机中生存。

（二）转型的心态

1. 传统制造企业转型做跨境电商

很多传统制造企业的老板因为传统外贸的红利过上了富裕安乐的日子，

所以他们选择安逸，停止创新。但疫情持续下，传统的线下渠道业务几乎归零，企业面临生死考验，所以这些传统制造企业的老板急迫地转型做跨境电商。对于这些传统制造业的老板，笔者的建议是，不要急躁，因为跨境电商已经过了粗放式的发展阶段，经过几年发展，竞争已经进入白热化，2020 年必然会有更多的传统制造企业加入跨境电商行业，所以竞争者会更多，价格竞争更激烈。

传统制造企业转型做跨境电商，企业老板应该多学习，从理念上认同跨境电商是外贸发展的主流趋势，然后通过学习开始自己企业的跨境电商之路。

对于跨境电商人才的选择，本书也有专门的介绍，企业老板应该充分尊重跨境电商人才的互联网思维，从投入、风险控制、产出周期方面给予跨境电商人才支持和理解。

传统制造企业转型做跨境电商也有很多失败的案例，比如做海外仓产品滞销，亚马逊店铺被查封、资金被扣，侵犯知识产权等，但是抱着学习的心态，理性地面对企业转型做跨境电商面临的困难，坚持学习，最终一定会找到一条属于自己的跨境电商之路。

2. 外贸企业转型做国内市场

2020 年的疫情迫使很多外贸企业转型做内贸市场，首先笔者建议外贸企业转型做内贸市场要有理性的预期。

内贸市场早已是一片“红海”，笔者的企业在 2008 年也曾尝试做内贸市场，但是困难重重。

首先，我们来说说中国的实体店，2020 年的疫情让实体店岌岌可危，我们所期待的报复性消费并没有出现，“90 后”“00 后”的消费者早已转向了电商渠道购物。

其次，再来说说我们熟悉的电商渠道，目前国内电商渠道面临推广成本高、产品同质化、利润率下降的趋势，出现了网红直播等新营销模式，利润的抽成也非常高。

所以，外贸企业转型做内贸，笔者建议要理性地投资，根据企业产品的特点和行情理性操作。

3. 个人跨境电商创业

2020 年的疫情对各行各业都产生了很大的影响，大环境是企业裁员和业务停滞，所以2020年的就业环境非常差，再加上又有大量的大学生毕业，所以很多人选择自己创业解决就业问题。

疫情影响下，在职的很多员工日子也不好过，企业经济不景气、工资福利下降，有些企业拖欠工资等，所以2020年选择创业作为副业也变得非常流行。

对于想加入跨境电商创业的人，笔者的建议是学习和精细化运营。

首先，跨境电商会是未来5年高速发展的行业之一，但是选择跨境电商创业不要被行业传奇所迷惑，2020年整个跨境电商行业的趋势是监管越来越严，对于创业者的要求越来越高。躺着赚钱的时代早就结束了。

如果你没有任何经验，但想进入跨境电商行业创业，你必须具备非常好的学习能力，有一定的外贸基础和资源。

其次，就是跨境电商平台的选择。这些我们书里都有详细的介绍，2020年所有的电商平台都强调精细化运营，只有扎扎实实地运营，认认真真地服务客户，才能实现业绩增长。

（三）创业策略

接下来的内容是写给已经在跨境电商领域创业的读者的。2019年开始，很多跨境电商创业者反馈跨境电商的生意没有前几年好做了。

根据网经社的统计数据，2020年到2021年，跨境电商行业竞争会越来越激烈，同时各大跨境电商平台进入平稳发展期，很多品类的卖家格局已经成为定局。广大跨境电商卖家想要破局，笔者给大家的建议是不同的市场，不同的开拓方法。2021年我们应该重点开拓的跨境电商市场包括下面几个：

* 东南亚新兴市场。2021年东南亚新兴市场应该是非常有潜力的，当前该市场的销售数据非常好，对于这个市场的开拓方法就是“抓住市场红利期”快速投入，出爆款。

* 法国为代表的发展中市场。相信在疫情被控制以后，法国市场会成为各大跨境电商卖家重视的市场之一，因为法国市场的商机非常大。开发这类市场的方法是走精品路线，求稳定，让业绩缓慢增长。

* 美国为代表的成熟市场。其实以美国为代表的成熟市场目前已经很难做了，因为格局已定，大卖家已经在渠道、流量上占了优势，如果你坚持做这个市场，就要长线投入，通过精细化运营，慢慢打造出爆款。

（四）海外消费者的采购心态

2020 年疫情的爆发让海外消费者的采购行为发生了很大的变化，首先海外客户的采购行为从线下转换为线上，在线采购成为主要采购方式，未来，在线购物会成为一种习惯，这有点像国内的淘宝购物的消费习惯的养成。

其次，客户消费需求多元化，海外消费者更追求个性化的生活方式和消费模式。

2020 年消费者的消费行为受网红等“意见领袖”的影响越来越大，所以，跨境电商企业在做海外营销的时候，选择意见领袖传播产品信息非常关键。

品牌对于海外消费者采购行为的影响也越来越大，品牌可以增加产品的附加值，所以打造跨境电商出口品牌成为必须。

（五）挑战与机遇并存

对于 2020 年的疫情笔者的观点是，危机中存在机遇，信心比黄金更重要。首先我们在文章的开头分享了企业创业的过程就是克服重重困难的过程，危险和机遇共存。

* 疫情给跨境电商行业带来机遇，培养了海外消费者在线采购、办公的习惯，所以这个时候是参与跨境电商创业非常好的时期。

* 跨境电商在线支付方式流行，随着在线购物的流行，海外消费者对在线支付的接受度越来越高，这进一步促进了跨境电商的发展。

* 跨境电商分化情况越来越明显。因为疫情，那些优质工厂和卖家的店铺不仅市场占有率会更高，利润也会更高。同时，一些小微的、粗放型的、资金实力不强的创业者可能会被市场清退。

创业本来就有风险，卖家应该理性对待，接受现实。

六、跨境电商创业应该具备的核心素质

“外贸业务员需要具备什么样的核心素质”这个话题似乎是外贸圈的公共话题，很多外贸大咖写过类似的文章，但外贸宏观形势变幻莫测，不同时期

对于外贸业务员的核心素质要求也不尽相同。

目前的外贸宏观趋势是什么，我们应该如何改变自己，具备什么样的外贸职业素质，这就是我们详细探讨的主题。

最近，笔者刚刚拜访了一个做外贸的大学同学小盛，小盛的外贸创业成长经历诠释了什么样的人是优秀的外贸业务员，一个卓越的外贸业务员需要具备哪些素质。

小盛是一个相貌平平的人，个子不高、为人低调，见过他的人都很难相信他是一家年销售额超过 5 亿的外贸出口企业的老板，更难相信他的企业马上要在新三板 IPO（Initial Public Offering，首次公开募股）上市。

作为他的大学同学，笔者亲眼见证了小盛在短短 6 年时间内从一个草根创业者变成一名成功的企业家。

下面笔者在总结小盛外贸创业经验的同时也结合自己的理解谈谈跨境电商创业应该具备的素质。

（一）精准判断宏观趋势

作为外贸业务员，对宏观趋势的判断非常重要。

1. 对宏观经济的判断

外贸生意的好坏跟整体经济环境的好坏相关联，对宏观经济的判断其实不仅仅是企业老板应该考虑的问题，外贸业务员也要有自己的认知，比如你是做美国市场、做墨西哥市场、做中东市场的，你的目的国（地区）市场的经济环境大概是什么样的，目的国（地区）汇率、收汇港口甚至是政局情况等你都要有所了解，对宏观经济要素的判断和外贸生意密切关联。

2. 对行业趋势的精准判断

作为一个好的外贸业务员，我们首先应该对自己所在的行业有非常精准的判断，行业是不是朝阳行业，所在外贸企业是不是具备核心的竞争优势，同行业的竞争状态是什么样的，产品的流行款式是什么。对于行业和产品趋势的判断直接决定了我们能不能做好当年的外贸生意。而这些精准的判断源自外贸业务员日常的业务实践和积累，以及扎实的业务基础。

3. 对外贸模式的判断

对于外贸模式的判断一直是外贸人比较困扰的问题，比如如何理解电商和传统展会的关系，跨境电商时代还要不要参加传统的广交会，跨境电商流行的趋势下，选择从传统的 B2B 转型做跨境零售，如何选择跨境电商平台，是选择速卖通、亚马逊还是选择 eBay、Wish；传统的 B2B 跨境电商平台应该选择阿里巴巴、环球资源、中国制造网还是 Google；做了阿里巴巴国际站以后要不要参与阿里巴巴一达通或者国际站的信保服务，等等。对于以上问题，外贸业务员或者外贸经营者应该结合自己的业务实践进行非常深度的思考。

（二）专业度决定你的外贸之路能走多远

笔者曾经在一个公众号上看过一篇感叹外贸门槛越来越低的文章，文章指出外贸行业在我们父辈时代是高大上的行业，没有过硬的资源、背景，连门都不让进。而在当下这样的跨境电商时代，外贸的门槛变得越来越低，经常有人对笔者说现在无论会不会说英文，用一台能上网的电脑就可以开始做外贸。但是在“互联网 + 外贸”的跨境电商时代，要真正做好外贸反而更难，要求更高，外贸业务员的专业能力也要更全面，只有专业度高的外贸业务员才能在市场竞争中赢利。那么，我们需要什么样的专业度呢？

1. 数据运营的专业度

无论你选择何种业务模式，你必须非常了解精细化运营，数据运营能力包括阿里巴巴国际站的运营能力、数据分析能力、跨境零售平台的推广能力等。此外，你还要了解平台的政策和操作，并通过数据工具，比如外贸数据管理软件、阿里巴巴一达通、信保、阿里巴巴新外贸金融工具等更好地提升外贸的效率。

2. 外贸知识和产品的专业度

外贸行业对于业务员的专业知识的要求只会越来越高，对于海外目标市场的分析能力、对于产品核心竞争力的分析能力、对于价格的控制能力、对于供应商供应链资源的掌控能力，这些都直接决定你的外贸之路能走多远。

3. 外语的专业度

笔者认为，外贸业务员的语言能力肯定是跟他的业务成绩成正比的。外语能力是外贸业务员最佳的业务名片，无论是参加展会跟客户面对面的交流，还是通过邮件进行书面交流，高超的英文水平代表着业务员的专业素质，它不但能让业务员给海外客户留下良好的第一印象，还能让业务沟通更流畅，更可以让业务员有更多机会接触优质高端的海外客户。

同时，随着跨境电商的发展，小语种变得越来越重要。比如阿里巴巴速卖通的核心目标市场是俄罗斯和巴西，如果你懂俄语，你会在经营中具备更多的优势。

4. 外贸职业素养的专业度

外贸职业素养包括和客户交流的礼仪、参与展会的礼仪、接待工厂客户来访的礼仪，以及高效率地和供应商打交道的方法，处理应急外贸事件的能力等。很多外贸人对于外贸礼仪和外贸专业素养不以为然，其实要想成为一名高端的外贸业务员，细节非常重要。外贸职业素养决定着外贸业务员的专业度和发展空间，现在市场上有非常多的外贸业务员礼仪培训，建议大家关注。

（三）关于外贸社媒营销的现状

要搞清楚社交软件的重要性，需要判断外贸的宏观趋势。目前跨境电商已经成为主流贸易方式，订单的趋势是在线化和碎片化，所以，基于移动端的社交媒体营销会变得越来越重要，通过内容吸引流量，通过内容进行市场营销会成为主流趋势。

做外贸的人或多或少接触过社交软件，例如 Facebook、WhatsApp 等，但是实话实说，真正运用好社交软件的外贸人并不多。关于这个问题笔者的理解是，大部分外贸人还局限于传统的线下订单思维，同时，相对于国内业务员，外贸业务员更加内敛。

（四）客户利益和关系的维护

好的外贸业务员的核心能力是为客户提供价值和创造价值的能力。

要做好外贸业务就应该确保提供给客户的服务和产品有着差异化的竞争优势，可以给客户提供独一无二的体验和价值。同时，业务员的沟通要给客户留下深刻印象。

（五）持续的学习能力是核心

一个好的外贸业务员，应该是一个坚持学习的人。下面分享一些我所在公司的业务员的学习习惯。我所在公司的外贸业务员每天进入公司的第一件事情就是花十分钟时间浏览外贸商业资讯。我们推荐的外贸网站是亿邦动力、雨果网和阿里巴巴外贸圈，我们相信每天花费一定的时间浏览和学习，日积月累，业务员一定会有显著进步。

另外，笔者建议外贸业务员养成读书的习惯，因为外贸业务员需要不断地提升自己。在此，首先推荐的是中国海关出版社有限公司的“乐贸”系列图书，大多是一些外贸大咖的经验分享。除了外贸行业图书外，建议外贸业务员也可以看一些企业经营管理类图书、财经类图书，还可以关注一些高质量的外贸公众号。

（六）关于外贸培训的建议

笔者认为，参加正规的外贸培训以提升业务能力对外贸人，特别是外贸新人是有价值的，但是培训价值的大小还要看业务员自己的理解、落地能力和总结能力，任何培训导师都只能给出引导性的建议。关于天价培训和盲目培训，笔者不推荐。

（七）外贸人的自律

无论在公司上班还是独立做外贸 SOHO（Small Office Home Office，居家办公，自由职业者），自律都是外贸业务员的一个非常重要的职业品质。

关于自律，作为一个资深外贸人，笔者的建议是公司层面应该有系统化的培训，让业务员知道每天基本的业务安排，再配合业务员的自我规划，这样效果会非常显著。

还有一种好的方式就是写工作笔记和日记，制定具体的目标计划，并根据计划一点点实施。

对于外贸新人来说，榜样的力量是无穷的，如果你是一个自律性差的外贸业务员，那就向公司优秀的老业务员学习，向外贸圈的前辈学习。

记住，外贸人的自律决定了你的业绩和未来。

七、跨境电商园区的产业政策和跨境电商创业

2020 年，因为疫情，跨境电商在中国进入“快车道”，其中最重要的原

因，就是中国政府对于跨境电商的政策扶持。

2020年5月6日，国务院发布《关于同意在雄安新区等46个城市和地区设立跨境电子商务综合试验区的批复》，同意在46个城市和地区设立跨境电商综试区。跨境电商综试区已经有过多次扩围，目前全国跨境电商综试区的数量达到105个。

这样的政策红利，对于2020年受疫情影响较大的中国外贸企业来说是有重大价值的。

（一）跨境电商综试区简介

很多跨境电商的创业者仅仅关注电商平台、跨境物流，很少关注和理解跨境电商综试区的价值和意义。

跨境电商综试区是由中华人民共和国国务院批准设立的跨境电子商务贸易试验区域，是指划出部分城市区域并在所划区域内对跨越中国内地的电子商务贸易活动采用特定的管理模式、给予特殊的政策优惠，以实现更加便利的跨境电子商务贸易。各地的跨境电商综试区一般以城市名命名，通常是“中国（城市名）跨境电子商务综试区”。

跨境电商综试区的设立是从国家政策层面推动跨境电商发展的举措之一。作为一种新型的出口模式，海关、税务等部门都在对跨境电商进行政策和制度的探索与创新，而跨境电商综试区就是探索的方式。

跨境电商综试区的“六体系两平台”旨在通过海关、税务、外汇管理等部门的数据交换，形成“信息互换、监管互认、执法互助”的政府管理模式，从而实现通关一体化等诸多贸易便利；通过电商、物流、银行等机构的数据交换，实现金融服务、物流服务方面的便利，减少电商企业的融资、汇兑困难，降低物流运输成本。

（二）跨境电商综试区对于中小企业的价值

跨境电商综试区的建立对于跨境电商创业者的价值是非常大的，其中的政策红利更是实打实地帮助企业获得利益。

首先，减免增值税。跨境电商企业和创业者可以享受到零售出口“无票免税”，单单这项政策，就让很多跨境电商创业者欢欣鼓舞，因为没有这样的政策红利，跨境电商非报关模式会有法律和监管风险。

其次，减免企业所得税。一般的企业所得税税率是25%，而跨境电商综试区的税率是4%，对于从事跨境零售出口的企业来说，对企业所得税进行优惠减免，是国家在让利于企业。

最后，通关便利化。对于一些头部的跨境电商企业来说，通关效率、跨境电商进口监管对企业发展有重大的影响。通关效率直接影响企业的发展速度。而在跨境电商综试区企业通关会更加便利，监管条件也更宽松。跨境电商综试区的海关通过"清单核放，汇总申报"的创新监管模式，大幅度地提高了跨境电商企业的通关效率，降低了通关成本，助力跨境电商的发展。

目前跨境电商进口模式在中国也发展得非常迅速，跨境电商综试区对于进口商品不执行首次进口许可批件、注册或备案要求，按个人自用进境物品监管。

跨境电商在中国的现状就是政府扶持、电商平台推荐、企业积极参与。作为一个资深的跨境电商创业者，笔者认为跨境电商在中国飞速发展最核心的原因就是政府支持，所以跨境电商综试区的设立推动了中国跨境电商的发展。

（三）国内发展良好的跨境电商综试区

跨境电商综试区的价值就是将全国优秀、成熟的跨境电商经验进行复制和推广。

现在重点介绍一下，国内做得比较好的几个重点跨境电商综试区。

1. 宁波的跨境电商综试区

笔者所在的城市是浙江省宁波市，作为一个宁波的外贸创业者，笔者曾多次拜访宁波的跨境电商综试区，对其比较熟悉。

宁波的跨境电商综试区是和宁波保税区结合在一起的，目前入驻的企业超过450家，年交易额超过150亿元。宁波的跨境电商综试区也是宁波跨境电商的先行试验区。

宁波的跨境电商综试区培育了宁波本土的跨境电商企业，目前宁波头部的跨境电商企业基本上入驻了园区，享受跨境电商的政策红利。

跨境电商综试区从政府层面搭建跨境电商综合服务平台，通过数据化的方式解决了跨境电商的通关、监管问题。

跨境电商综试区从政府层面推进海外仓建设，对于推动中小跨境电商企业的发展至关重要。

宁波跨境电商综试区和跨境电商平台也有深度的合作，例如，和网易考拉合作，建立宁波 O2O 体验旗舰店；和阿里巴巴 1688 合作，建立 1688 进口货源平台宁波站等。

宁波跨境电商综试区的跨境仓储模式也在不断优化和创新，从原来单一的公共仓运变为“公共仓 + 自营仓”模式。提供适合冷链的仓储服务，并重点打造跨境电商采购和国际物流结合，通过大数据和电商平台，提供数据化的供应链金融服务等。园区在吸引人才方面也下足功夫，比如建立人才公寓，解决跨境电商人才的住房问题，大力支持人才培训。目前，宁波的跨境电商综试区在全国已经处于领先地位。

2. 广州的跨境电商综试区

广州一直是中国外贸的先锋城市，传统的线下广交会让广州在中国外贸行业变得举足轻重，同时，广州又是中国跨境电商发展的领先城市之一。

广州很早就获批建立跨境电商综试区。通过跨境电商综试区的设立，广州要打造亚太地区最具影响力的跨境电商中心城市。

广州跨境电商综试区的特色主要有以下几个方面：

* 创新的跨境电商监管体系；
* 进一步加大跨境电商园区建设；
* 从管理层面完善跨境电商公共服务平台；
* 建立跨境电商产业链促进机制；
* 线下与线上的融合；
* 建立外贸企业转型跨境电商的机制；
* 培育和发展海外仓模式。

目前，广州的跨境电商企业超过 800 家。

3. 杭州的跨境电商综试区

杭州跨境电商综试区的建设在中国跨境电商发展史上具有里程碑意义，因为杭州跨境电商综试区是中国第一个跨境电商综试区。在中国，杭州跨境电商的发展进度仅次于广州，但是杭州是中国电商的信息中心，阿里巴巴、天猫国际等电商巨头都在杭州，因此，杭州具有浓郁的跨境电商创业氛围。

目前，杭州的跨境电商产业区有 3 个，分别是位于杭州下沙的中国（杭州）跨境电子商务产业园，位于杭州下城的中国（杭州）跨境电子商务综试区和位于萧山的中国（杭州）跨境电子商务产业园（空港园区）。

杭州跨境电商综试区，推动了跨境电商信息共享、金融服务、数据化物流、电商诚信体系、统计监测、风险防控，以及“线上交易自由”与“线下综合服务”的有机融合，重点在制度建设、政府管理、服务集成这三大领域开展创新。

根据笔者的观察，杭州跨境电商综试区主要有以下领先优势：

* 杭州跨境电商综试区的制度创新一直领先全国。作为第一个跨境电商综试区，杭州跨境电商综试区在制度上有非常多的创新，比如推出了第一个 B2B 认证标准、申报流程和便利化方案，第一个跨境电商指数和人才标准，以及全国最全的海关监管模式，特别是建立了中国第一个互联网法院。

* 杭州跨境电商综试区的企业发展速度在国内领先。杭州是中国电子商务的中心，因为有阿里巴巴这样的巨头，所以杭州的电商创业氛围非常浓郁，杭州跨境电商综试区的政策扶持和制度创新使得杭州的跨境电商企业发展迅猛，销售额过亿，甚至达到几十亿级别的跨境电商卖家非常多。

* 跨境电商外贸综合服务平台为国内首建。跨境电商行业一定会越来越规范，所以从政府层面搭建跨境电商综合服务平台非常重要。作为中国第一个跨境电商综试区，杭州搭建了全国第一个在线综合服务平台，给全国的综合服务平台做了很多创新实践。目前，全国通行的关、检、汇、税、一站式报关、报税等都是杭州跨境电商综试区的首创。

4. 四川成都的跨境电商综试区

笔者亲自调研过成都的跨境电商综试区，成都跨境电商综试区是目前国内跨境电商综试区中做得比较好的园区之一。

笔者认为中西部的跨境电商会成为未来发展的重点，中西部地区有产业优势、人才优势、成本优势，如中国的制造业就从东部沿海城市转移到价格成本更具有优势的中西部，而成都就是中西部地区的重点城市。

成都的地理位置得天独厚，是西南地区科技、商贸、金融和交通中心，成都通过建设跨境电商综试区，可能会成为西部的中心。

成都跨境电商综试区已经形成“一都一府三中心”的发展格局，为园区的跨境电商企业搭建了跨境电商服务平台，提供供应链和仓储等基础服务。

成都跨境电商综试区的公共服务平台建设非常领先，成都作为西南商贸物流中心和综合交通枢纽更是在物流方面具备优势。

八、中小外贸企业如何理解跨境电商综试区的价值

跨境电商综试区的设立为跨境电商企业的发展创造了非常有利的条件。特别是在2020年这样的危机之年，政府通过设立跨境电商综试区，让利于跨境电商企业，为企业发展提供了政策红利。

外贸领域的创业者应该仔细观察各地的跨境电商综试区，每个城市的综试区都与当地的产品、产业特征结合。以宁波为例，宁波在家具、五金、玩具、运动等领域都有产业优势，因此，宁波的跨境电商综试区对这些产业有特殊的政策扶持，这些政策对于综试区的外贸企业转型做跨境电商非常有利。

2020年疫情依然持续存在，广大外贸企业应该利用跨境电商综试区的政策积极转型做跨境电商，并建立市场品牌，加快海外仓建设，拓展“一带一路”市场。

第二节 外贸SOHO，仅仅是看上去很美

面对传统外贸越来越不景气的情况，许多外贸人离职进行创业，外贸SOHO之路承载了很多外贸创业者美好的幻想和期待。

之前，有一个网友Christy在微信上跟笔者交流，她在杭州的一家贸易公司工作了大概三年，公司主营的产品是针织服装配件，这几年传统外贸越来越不景气，公司有几个老员工陆续离职，选择更有前途的跨境电商企业进行发展，或者干脆SOHO创业。面对公司越来越压抑、沉重的工作氛围，她有了独立创业的想法，但是，她又犹豫，不知自己的性格、工作独立性、家庭负担和经济抗风险能力是否足以支撑自己SOHO创业，所以她希望笔者给她一些建议。

一、关于外贸 SOHO 的幻想

说到外贸 SOHO，大多数人的想象可能是这样：睡觉睡到自然醒，再也不需要打卡，不需要挤公交，工作时间自由，晒着太阳，听着音乐，收着美国客户不菲的美元订单。但是真实的外贸 SOHO 真的是这样吗?

真实的外贸 SOHO 之路其实是非常跌宕起伏的，创业者要承受心理压力。

二、做外贸 SOHO 应该具备的基础素质和条件

（一）强大的心理素质

很多人认为做外贸 SOHO 成功的第一步是有客户资源或者有充足的资金储备，而笔者认为想要成为一名成功的外贸 SOHO 创业者，你要有强大的内心。成为外贸 SOHO 意味着选择了一条脱离公司组织和体制的自负盈亏的创业之路，也许你会迎来满堂彩，但是有很多外贸 SOHO 创业者最终在孤独和彷徨中返回了职场，浪费了几许青春岁月。从这个角度来说，外贸 SOHO 是职场的一次赌博!

外贸 SOHO 可能遇到的最大的心理问题就是孤独感，我们社群里有一个网友，她一个人在家里做了 5 年外贸 SOHO，虽然每年有几十万元的稳定收入，但是超长时间的封闭生活，让她负面情绪很大，出现轻度抑郁。

所以，没有强大的心理素质，谨慎选择做外贸 SOHO!

（二）只有卓越的外贸业务员才能做 SOHO

有一个外贸圈的网友跟笔者交流说：“Harris，我在现在的外贸公司做不下去了，我打算回家做外贸 SOHO，你认为怎么样?”

只有卓越的外贸业务员才有能力或者有资格去做外贸 SOHO。如果想在外贸 SOHO 中取得成功，必须具备以下几个条件：英文能力良好、对国际贸易操作流程熟悉、对产品非常了解、掌握工厂资源、有合作多年的工厂等。如果你是个人公司，合作的工厂很难给予特别大的支持，交货期和资金周转压

力会让你陷入困境。

成功的外贸 SOHO 一般会有几个稳定成熟的客户。但是在商言商，我们跟客户的关系是在动态变化的，笔者经常看到反面案例，SOHO 对自己的客户把控力极度自信，但最终因为价格、服务、交货期等，丢失了老客户，使业务面临危机。

所以，在开启 SOHO 之路之前，要认真分析自己的核心优势，客观评价自己对于老客户的吸引力、把控力。

（三）银行有多少存款，经济压力大吗？

笔者建议如果开始做外贸 SOHO，先看看自己的银行账户有没有 40 万元到 60 万元的人民币积蓄，如果没有这样的资金储备，建议谨慎选择外贸 SOHO。

做外贸 SOHO，首先遇到的经济问题就是收入的不确定性，可能天天有订单，也可能几个月都颗粒无收。笔者身边有一个朋友，他选择做外贸 SOHO，结果一年多时间才得了一个正式的大单，这位朋友告诉笔者，做外贸 SOHO 有种坐过山车的感觉，有时崩溃有时狂喜，一切都有可能。所以，如果没有足够的储备，最好不要选择外贸 SOHO。

1. 外贸 SOHO 办公的资金支出

很多做外贸 SOHO 的人都是在自己家里办公，但是即使在自己家里办公，也会有办公支出，电脑、数码相机等硬件设施的支出自然不必说，你的人力成本、往返工厂的交通费、日常的生活开销等都是成本，如果长时间不开单，资金压力就会很大。

2. 工厂预付款的资金压力

做外贸 SOHO，无论合作的是老工厂还是新工厂，工厂的定金要求一般来说会比较苛刻，虽然我们也会收取客户 30% 的前 TT（Telegraphic Transfer，电汇），但是中间的运作成本、偶发事件的资金需求也是经常存在的，所以要做外贸 SOHO，先摸摸自己口袋的积蓄。

3. 营销推广成本

外贸 SOHO 最大的投入估计是市场营销的投入，无论是做阿里巴巴、速卖通、eBay、亚马逊，还是参加传统的广交会、海外展，市场营销投入非常大，没有一定的资金实力，肯定玩不起来！

（四）做外贸 SOHO 需要强大的工作自主能力

有一个外贸圈的粉丝跟笔者交流，说自己做外贸 SOHO 一年，每天 12 点才起床，一天就回复几封邮件，然后就不自觉地开始看电视，每天都昏昏沉沉，干了六个月实在干不下去了，又回公司上班啦。

如果自己做外贸 SOHO，选择不要体制和管理，就会面临一个重大问题，就是如何管理好自己，包括管理好自己的作息时间和情绪。

做外贸 SOHO 还需要强大的解决问题的能力，从客户谈判、邮件处理、供应商跟进，到买一盒曲别针、订一份快餐，都需要自己解决，唯一能靠的人也只有自己。

（五）拥有多少外贸资源

资源的多少直接决定着外贸 SOHO 成功与否。拥有多少关系好的工厂资源，好到什么程度，能不能不付定金就安排生产；如果客户要求来看工厂，能不能带客户去看厂，工厂会不会抢走你的客户；在这个行业内你有多少可以两肋插刀的朋友帮忙出主意，帮忙化解纠纷，互通外贸资讯，跟货代关系怎么样，等等，都是做好外贸 SOHO 的基础。

（六）产品或者行业是不是有前途

做外贸无论选择何种模式，决定我们赚钱的关键永远是好的产品。如果所处的行业、所做的产品非常有前景，供应商的研发能力强，价格有竞争优势，这样生意自然好做。反之，如果处于夕阳行业，自己产品的价格优势不明显，最终，SOHO 生涯很可能会以失败告终。

三、做外贸 SOHO 要解决的核心问题

（一）如何收美元货款

如果要做外贸 SOHO，首先要解决的问题就是如何收美元。现在普遍的做

法是委托出口代理公司代理出口，像宁波这样外贸比较发达的城市，出口代理公司的服务非常好，而且代理费也便宜，初级 SOHO 可以通过外贸出口代理公司开展出口业务。

（二）外贸 SOHO 需不需要注册公司

关于这个问题，答案是仁者见仁，智者见智。现在注册一家公司不像以前那般复杂，注册费可以几千元人民币，注册了公司名就可以去阿里巴巴注册一个国际站的账号做推广，但是做国内公司会有财务、税收等问题，也会产生一定的费用。

（三）选择阿里巴巴、中国制造网或环球资源，选择 B2B 或 B2C

对于外贸 SOHO 而言，开发客户的能力与 SOHO 事业能否成功息息相关。关于如何选择推广平台，笔者的建议还是选择阿里巴巴，阿里巴巴是一个活跃的电商平台，中国制造网和环球资源虽然也做了很多年，但是在影响力方面确实没有阿里巴巴那么的大。

关于选择 B2B 还是 B2C，笔者认为跟你的产品特点有很大的关系，虽然跨境电商零售目前非常火，但是我们也应该承认有些产品做不了跨境零售市场。

（四）外贸 SOHO 如何报价

外贸圈网友经常问笔者这样一个问题，外贸 SOHO 如何报价格，怎么核算成本？一般来说，外贸 SOHO 报的 FOB 价格包括下面几点：

FOB 价 = EXW 价（工厂出厂价） + 港前费用 + 出口代理公司代理费 + 利润。

其中有一点比较重要，就是工厂的出厂价是否包括增值税，因为后期的出口退税需要有工厂的增值税发票。

CFR 价 = FOB 价 + 海运价；CIF 价 = CFR 价 + 保险费。

利润 = FOB 价（含税） – 港前费用 – 货款 – 出口代理公司代理费 + 退税

因此，SOHO 真正的利润应该是自己加的利润和退税，如果你的退税比较高，又觉得自己报给外商的价太高，那么按照工厂给的 EXW 价（含税）直接报给客户也行，单单退税这一部分的利润也已经不菲了。

四、关于外贸 SOHO 挂靠外贸公司的建议

其实相对于注册一家国内公司，笔者认为选择一家著名的出口代理公司挂靠其名下应该更符合外贸 SOHO 的实际需求。

笔者以前就是一家出口代理公司的业务经理，所以关于挂靠出口代理公司有以下几点建议：

（一）选择信誉口碑比较好的出口代理公司挂靠

宁波的几大出口公司，比如中基、新世纪、海田，都有类似的出口代理合作业务，这样的出口代理公司资金安全、服务专业、收费低，所以，选择信誉口碑比较好的代理公司会更加稳妥。

（二）选择代理专业度高的业务员

这一点非常重要，特别是对额度比较大的订单，笔者就曾经听说因为代理业务员操作不专业让 SOHO 损失惨重的案例。

（三）选择资金实力强的出口代理公司

比如，在收到信用证后出口代理公司可否提供融资服务。

（四）签订规范的外贸公司代理合作合同

出口公司代理出口都会有正式的代理合作合同，但是很多时候这类合同是格式化的，如果你是外贸 SOHO 新人，建议请经验丰富的老业务员帮你审核合同条款。

如果要以代理公司、外贸公司的名义和客户签订合同，还需要再和外贸公司签订一份合同。

五、两个真实的外贸 SOHO 故事

Lucy 在深圳的一家外贸公司上班很多年，她在几年前有了第二个孩子，

为了照顾孩子，也为了暂时缓解在外贸公司上班的紧张情绪，她在家里做起SOHO。在公司上班的时候有一家工厂和她稳定合作，她和工厂的老板关系很好，所以她成为工厂不要工资的编外业务员。她自己花钱做了一个网站，客户想考察工厂，她就带客户到工厂参观，因为Lucy过硬的英文素质、强大的业务开拓能力，她的外贸SOHO生意越做越大，从一个人的外贸SOHO，发展成为有15个人的小公司，2019年她开始和他人合作建立工厂。Lucy告诉笔者，从外贸SOHO到自己合作开厂她仅仅用了四年时间。

陈×是我们社群中的一员，他在外贸公司工作四年后开始自己的SOHO创业之路，他做过阿里巴巴和亚马逊，但因为产品竞争力不够，再加上原来的几个老客户流失，最终他选择放弃外贸SOHO，开始旅游线路的创业。

所以，选择外贸SOHO之前，一定要深思熟虑、量力而行，因为外贸SO-HO仅仅是看上去美好，背后的艰辛，只有经历过的人才能体会！

第三节　有关跨境电商创业的资金问题

一个做外贸的女生通过浙江宁波的一家出口代理公司出口收汇，因为疫情，宁波的这家出口代理公司陷入了资金危机，这个女生的款项一直被恶意拖欠。

另外一个做外贸的女生告诉笔者，2020年因为疫情，她开始做跨境电商创业，但是，亚马逊的FBA铺货让她在资金上捉襟见肘。

如果把外贸人的抗疫看成一场战斗的话，企业的资金无疑就是这场战斗的“枪炮子弹。”

虽然目前中国的疫情已经得到了控制，但是海外疫情短期内应该不会结束，疫情持续下，政府、电商平台、行业协会纷纷出台了关于缓解外贸企业资金压力的帮扶政策，但是根据笔者的观察，企业因为资金链紧张而停滞或者倒闭的案例比比皆是。

疫情持续下，外贸企业订单被取消，但是企业的办公成本、人员成本、仓储、供应商、物流等各项成本依然居高不下。所以，2020年外贸企业进入生死之年，要帮扶外贸企业，核心还是帮扶企业解决资金问题。

一、跨境电商创业需要投入多少资金，如何融资

笔者曾经在外贸社群做过关于资金压力的数据调研，约八成的跨境电商企业反馈目前存在资金压力，关于中小外贸企业融资难的问题，其实已经困扰中小微企业很多年。疫情之下，跨境电商企业的融资之道应该是什么？

（一）传统的商业银行贷款

笔者也是做传统制造业的，笔者认为商业银行的贷款，只是锦上添花。对于很多小企业来说，如果缺少固定资产和实物进行抵押，很难从传统的商业银行融资成功。根据调研数据显示，此前有超过六成的跨境电商企业找传统商业银行贷款，但是成功比例非常低。

但是，现在可以惊喜地看到，疫情下，部分商业银行推出了针对小微企业融资的政策。比如说中国工商银行的网贷通（含 e 抵快贷）、经营快贷、线上供应链等三大网络融资产品，为小微企业复工复产提供金融支持。

（二）向亲戚朋友融资

疫情持续下，很多跨境电商创业者陷入资金困境，于是纷纷问亲戚朋友借钱融资，但是疫情下大家日子都不好过，所以一般情况下笔者不是特别推荐向亲戚朋友融资。

但是有些创业者本身处于一个商业氛围比较浓郁的区域，比如说温州、金华、义乌，亲戚朋友之间相互拆借是司空见惯的。但是，疫情之下向亲戚朋友融资应该考虑下面几点：

1. 只向可以承担损失的亲戚朋友借钱

向亲戚朋友融资的核心是万一投资失败也不能伤害到亲戚之间的感情，所以融资的时候一定选择能承受损失或者短时间内没有资金压力的亲戚朋友。

2. 选择有从商经验和商业资源的亲戚朋友

在浙江温州、义乌这样的商业氛围浓郁的区域，融资需尽量选择有从商经验和商业人脉的朋友和家人，因为他们不仅仅可以理解投资的风险和机制，还会提出一些融资的建设性意见，甚至会分享其他有益的资源和信息，提出

一些对企业发展有益的建议。

（三）在跨境电商平台融资

目前各大跨境电商平台针对疫情都推出了融资帮扶政策，如阿里巴巴国际站、亚马逊、eBay、Wish 等。

首先，来介绍阿里巴巴国际站的疫情融资服务。自疫情出现以来阿里巴巴国际站就推出了“数字出海，同心战疫”整体解决方案，其核心就是数字化金融服务。

阿里巴巴国际站企业金融为商家提供低至 7.65 折的超级信用证融资利率优惠；并会同中国建设银行下调诚 e 税贷款利率，年化利率由 5% 下调至 4.5%，2020 年 2 月 4 日起新申请的客户，在合同有效期内（12 个月）均可享受优惠。

阿里巴巴蚂蚁金服旗下网商银行推出专供湖北地区 B2B 商家的总额为一百亿元为期十二个月的特别扶助贷款，其中前三个月免息，后九个月利率打八折。活动期间，湖北地区 B2B 商家选择信用贷款，在借款申请页“优惠”中选择相应优惠，签署合同并获贷成功，即可使用对应优惠贷款。

2020 年 2 月 12 日起，网商银行还为 B2B 商家提供为期十二个月，总额为一百亿元的特别扶助贷款，贷款利率八折。

亚马逊、Wish、速卖通、eBay 等跨境电商零售平台的融资服务一般是订单融资，因为跨境电商业务从发货到收款周期比较长，成熟的跨境电商平台都有提前收款的服务。其中，阿里系的速卖通做得最成熟，目前 Wish 也推出了官方的提前收款测试版，这些数据化的融资服务相对于传统的银行融资，是单纯靠数据、信誉和交易记录决定融资额度，在疫情下，对于跨境电商企业的帮助非常大，也非常好地缓解了一部分跨境电商创业者的资金压力。

（四）商业银行、典当、P2C 融资

商业银行融资服务是目前外贸企业接触最多的一种融资服务，但是疫情下，整个行业都处于低迷期，外贸企业很难从商业银行得到融资。很多跨境电商企业属于轻资产企业，所以更难从商业银行融资成功。

前几年，跨境电商行业发展迅猛，许多创业者获利颇丰，购入了豪车、豪宅。行业不景气的时候，将这些实物抵押典当进行融资也是比较普遍的融资方式。

典当是以实物为抵押，通过实物所有权转移的形式取得临时性贷款的一种融资方式，与银行贷款相比，典当融资成本高、贷款规模小，但是典当也有优点，比如说灵活、手续简单，少则几千元，多则几十万元，资金可以马上到账。

此外，目前市场上还有很多 P2C 互联网小微金融融资平台可以为企业提供融资，但是笔者建议这类融资平台的产品要谨慎使用，因为它们大多手续不规范、融资成本不透明、反复收费，甚至有一些套路贷款。

（五）信用卡融资

对于外贸创业者，特别是个人创业者来说，信用卡融资是使用较多的融资方式。信用卡融资的方法是在资金不太紧张的时候，申请超过 2 张信用卡养着，并且通过这样的方式提升额度，再用以卡办卡的方式，申请其他银行的信用卡。如果遇到资金需求比较多的情况，就依照一定的方法，分别申请各家银行的信用卡，最终拿到额度最大的信用卡。关于信用卡养卡第三方服务，因为陷阱比较多，建议谨慎使用。

（六）金融保险服务公司贷款

目前来说，跨境电商企业的融资渠道比较有限，上文写的各类融资方式也很难真正解决跨境电商企业的融资问题，所以，市场上出现了很多专门针对跨境电商企业的金融保险服务公司。

这些金融保险服务公司的优势是相对于传统的实物抵押，可以根据出口企业的信用数据信息进行贷款。

目前，国内的跨境金融保险服务公司包括 Payoneer（派安盈），俗称 P 卡，WorldFirst，俗称 WF 卡，PingPong，连连支付。在外卡收单方面类似公司有钱海、首信易、易票联。在跨境贷款方面有宜信、俊拓、点融、深晖融信。

目前已经有互联网保险科技创业平台联合保险公司开发了多款跨境电商

融资产品，推出“跨境电商生态保险”，对采购和支付风险进行全面覆盖。

针对跨境电商的金融保险服务产品非常多，但是需要电商企业有一定的资质。比如对企业的资信情况、跨境电商平台的销售数据、跨境电商平台的店铺数量、跨境电商店铺经营的年份等都有要求。

二、跨境电商企业的资金问题

疫情持续下，大部分外贸企业资金链都紧张，有七成的跨境电商企业资金储备不超过六个月，那跨境电商企业的资金缺口主要在什么地方呢？

（一）企业固定运营成本支出

比如办公室、场地租金、员工成本、材料成本等。

（二）库存成本

这是目前跨境电商卖家的一项最高成本，无论是阿里巴巴的 RTS（Ready to ship，全球批发），还是其他主流的跨境电商平台，都要求跨境电商企业有一定的库存，这对于很多小微企业来说，就会有资金和经营风险。

（三）广告成本

广告推广投入也是跨境电商卖家投入的重要成本，大概占跨境电商企业投入资金的 10% ~15% 。

（四）快递、物流费用

目前疫情持续的情况下，无论海运还是空运都面临价格上涨的问题，这对于很多跨境电商企业来说，又是一笔非常大的投入。

（五）供应商的回款压力

现在很多供应商是给跨境电商企业做供应的，而跨境电商采购一般都是采用金融赊销方式进行采购，回款周期一般是 2 周到 1 个月，这对于很多跨境电商企业来说资金压力非常大。

三、跨境电商企业资金紧张的原因

（一）跨境电商企业缺少融资渠道，资金储备不足

疫情下，跨境电商企业融资难问题很快就暴露出来了，一般的跨境电商企业资金储备都不超过六个月，这从企业经营的角度来说是有问题的。

很多跨境电商企业都采用轻资产、重资金的发展模式，所以跨境电商卖家很难通过传统银行融资，其他的融资渠道虽然多，但是不适合跨境电商卖家。

中国人经常说，未雨绸缪。在危机之年，资金紧张了才想要融资是很难成功的，应该在平时建立多渠道的适合自己的融资方式，这样才能保证企业的资金链。

（二）忽视数据积累

2019 年，在贵州举办的中国国际大数据产业博览会中，阿里巴巴的马云说过“数据比黄金更值钱”。

跨境电商融资服务需要数据做支撑。越来越多的金融机构、融资机构实现数据化，所以经营数据变得越来越值钱。企业应该有意识地积累数据，比如店铺的信誉、交易数据、评价数据、退换货的稳定性数据、收款的稳定性数据，不要让数据出现大起大落。这些数据是企业的重要资产！

四、跨境电商创业应选择轻资产模式

先来聊聊跨境电商创业的几个类型，首先是外贸 SOHO 创业者。目前跨境电商创业采用外贸 SOHO 模式的人最多，投入的资金也最少，因为在家办公，成本可以控制到最低。

其次是传统外贸工厂转型做跨境电商的创业者。2020 年疫情下，传统的外贸工厂纷纷转型做跨境电商，这样的外贸公司一般具备雄厚的资金实力，在跨境电商投入上也不计成本，所以亚马逊、阿里巴巴等电商平台也最欢迎

这样优质的供应商卖家。

再次是淘宝、天猫卖家转型做跨境电商的创业者。这类创业者选择速卖通平台的较多，因为速卖通的很多规则跟淘宝、天猫非常类似，比如直通车，这些创业者一般都具备一定的资金实力，也非常懂得推广、投入、花钱买流量的逻辑。

最后就是外贸圈外加入跨境电商行业的创业者。社群里聊到跨境电商创业的启动资金的时候，有网友说仅仅需要几万元，但是笔者认为要做好跨境电商，20 万元的资金储备是必须的，而且只能多不能少。因为跨境电商已经过了粗放式成长的阶段，需要精细化运营。

20 万元的投入基本上用在以下几个方面，第一，场地费用，租一个小办公室，长期在家 SOHO 对于个人心理会产生一定的负面影响。第二，货源的选择，现在做跨境电商也有不铺货的一件代发模式，但是不建议大家选择这种模式，因为这种模式下品质控制、发货效率都不行，而且代发的价格肯定比进货高，这样产品价格也没有优势。第三，人员费用，笔者建议组建一个 2 人以上的小团队。第四，平台费用，如店铺运营和平台扣点费用。第五，推广费用，这项费用是无底洞，包括直通车推广、SNS（Social Network Software，社交网络软件）推广、Google 推广、网红抖音推广等。第六，其他费用，包括亚马逊的 FBA 头程费用、注册海外品牌的费用等。此外，你也许会几个月不出业绩，所以，你需要考虑你的日常消费及公司消耗费用。

综上，要做好跨境电商创业，20 万元的资金储备是必不可少的。

（一）不同跨境电商平台的费用

目前跨境电商创业，选择亚马逊平台的人最多，亚马逊也最火。亚马逊的月租金大概是 39. 99 美元，然后平台抽佣金是 5% ~ 15% 。Wish 也是很多外贸新人创业的热选平台之一，目前它的入驻要求是交保证金 3 000 美元，还有平台扣点。eBay 平台目前的政策是个人和公司都可以入驻，根据不同的产品，平台给予的上架额度不同，新卖家的额度比较低。速卖通的费用已经从年费换成保证金，保证金可以退还，速卖通的官方类目保证金一般是 1 万到 2 万元人民币之间。

（二）不同发货模式需投入的费用不同

发货涉及的费用包括备货、囤货和亚马逊 FBA 仓储费用，仓储费用包括租用场地费和产品保管费。

无货源模式，刚刚也说了，笔者不推荐，因为效率低，没有优势，虽然它可以省一笔 FBA 的费用，但是很难跟精细化运营的卖家长期竞争。

（三）案例

我们社群的一个跨境电商新手卖家，他是 2020 年刚刚开始创业的，做自发货模式，一天的订单大概是 10 单，客单价大概是 20 美元，一个月的营业额是 6 000 美元，利润是 30%，1 800 美元，他通过 E 邮包发货，周期大概是 15 天，所以他至少要准备 30 天的资金，就是 4 200 美元，人民币大约是 30 000元。

另外一个外贸圈的网友做的是 FBA 模式，我们也假定他一天发 10 个订单，每单 20 美元，提前发 FBA，存储 15 天大概总库存的费用是 20 000 元人民币。

此外，其他的成本包括广告费用、测试款、仓库折损、退货换货，广告推广的投入刚刚说了是无底洞，很多做外贸直通车的人每天投入 5 000 多元人民币，甚至更多。外贸新人虽然不可能像成熟卖家那样投入那么多资金在广告上，但是没有投入就没有流量。

另外一个资金储备就是备用金，很多外贸新人跨境电商创业，几个月没有收入或者利润，所以，在基础费用之外至少要准备 3 到 5 个月的备用金，以支撑工作室的日常开销和个人的花费。

（四）跨境电商创业要选择轻资产模式

给跨境电商创业者的另外一个建议就是尽量开源节流，选择轻资产模式运营。

租用办公室可以选择在跨境电商创业园区，这些园区一般都有租金优惠政策。团队建议是 2 到 3 个人。

关于跨境电商的囤货，笔者建议一开始不要囤太多，关注销售数据和销售速度，尽量多频率、小批量进货，毕竟对于创业者来说，回款是重点。

及时清理滞销和劣质的商品，重点扶持优质畅销的产品也是开源节流的重要举措。理由非常简单，滞销产品占用了大量的资金，对于创业公司影响非常大，所以要关注数据和选品，保证现金流和回款。

第四节　客观看待跨境电商培训与能力提升

相信做外贸的朋友多多少少都参与过外贸培训，每个人对于培训和讲师的看法不同。外贸人如何正确地看待、参与外贸培训，这是本节探讨的话题。

对于外贸人要不要参加培训，笔者的观点是大部分外贸培训都值得参与，但是你要结合自己的实际量力而行。

一、关于外贸培训的“前世今生”

笔者的父亲是中国最早的一批外贸人，在那个年代，外贸行业是非常封闭的，外贸人普遍的思维模式是教会徒弟，饿死师傅，所以在那个年代，要做外贸唯一的方法就是自己慢慢学习。

笔者做外贸多年，起步时阿里巴巴等电商平台刚刚兴起，并没有成为外贸主流的出口模式，外贸培训和分享同样很少。

外贸培训是伴随着电商的兴起而兴起的，因为电商平台的系统操作是每个电商人必须掌握的技能，各大电商平台都设计了自己的培训体系，最完善的应该是阿里系和淘宝系的培训。

二、外贸培训的现状

2019 年外贸培训市场异常火热，但是作为行业的资深从业者，笔者除了感叹外贸行业高速发展之外，也感叹外贸培训市场参差不齐。

笔者本身也是一个外贸讲师，每年也有大大小小几十场外贸培训、演讲，对于外贸培训的现状笔者认为是鱼龙混杂、良莠不齐。根据笔者的观察，外贸培训市场的问题主要有以下几点：

（一）缺少真正有价值的外贸培训讲师

从事外贸工作十多年来，笔者认为外贸行业需要的培训讲师是真正了解中小企业的接地气的讲师，他们应该拥有大量外贸实战经验，但是目前这类讲师并不多。外贸培训市场那些“赶场子”做培训的培训讲师完全是出于圈钱的目的，真正有经验的外贸高手更多的是闷声发大财。

（二）一套培训课程“打天下”

现在在市场上站得住脚的外贸培训讲师通常的做法就是整理出一套成熟的培训课程，然后在全国演讲。其实大家都知道这样一套课程打天下的模式是不符合培训逻辑的，因为每个地方的企业特点不同，受众也不同，一套培训课程打天下最终的结果只能是培训效果差强人意，只有培训讲师赚得盆满钵满。

（三）各大跨境电商平台的培训局限性较大

跨境电商在中国发展了多年，各大跨境电商平台的培训体系已经非常成熟了，但是有一个现象，各大跨境电商平台的培训最终是为自己平台服务，不包容、不开阔、无交集。

比如培训亚马逊的就只说亚马逊，培训 Wish 的就只讲 Wish。这不利于外贸人全面发展，平台的培训更多的是展示或者强调平台的优势，对于平台的劣势和局限往往避而不谈。

（四）外贸培训缺少系统的课程评价体系

外贸培训在中国发展了很多年，但是遗憾的是整个外贸行业都没有一套系统的课程评价体系，对于外贸课程的评价还仅仅是学员在朋友圈点个赞，发几条评论，或者草草写一份表格。一个外贸讲师即使课程质量差，也可能因为在全国各地有多场培训而赚得盆满钵满。

（五）外贸培训的价格普遍过高

外贸培训的价格应该是所有培训中价格偏高的，培训费是 3 000 元到几万元不等。这些培训费用对于外贸新人来说确实是一笔不菲的支出。现在跨境电商培训市场还出现了天价培训，有一个学员告诉笔者，他曾经参加过一次外贸培训，2 天时间花了 3 万多元人民币。笔者问他学习到了什么，他也无从说起。

对于天价培训，笔者是非常不推荐的，一个人不可能因为听了几万一次的外贸培训，订单就有立竿见影的增长，或者对外贸行业有茅塞顿开的感悟。

（六）外贸千人大课的效果比较差

笔者参与过大大小小的外贸培训，通过这些培训笔者得出结论，对于外贸业务员来说，千人培训大课不会有好的效果。

培训的时候你可能会觉得老师讲的内容都很有道理，会热血沸腾，但是等回家冷静下来想想，你会发现那些内容没有多少价值，因为在千人培训现场，个人很容易被气氛影响，丧失独立思考的能力。

（七）承诺效果的培训往往不可靠

我们经常看到很多外贸培训机构的宣传广告或者某位导师的微信朋友圈分享课程评价截图，比如某某学员听了某个课程，几天接到大的订单；某某学生听了某个课程赚了多少美元，买了什么车；某某学员听了某个培训课程，省了多少美元，发展了多少大客户……活脱脱微商营销的套路。

笔者可以负责任地告诉大家，外贸行业是一个需要积累和沉淀的行业，外贸培训讲师给予个人的仅仅是思维模式的启发，能不能接单，能不能提升销售业绩，完全靠供应链、产品、行业积累等。所以保证效果的培训不值得信任。

（八）寡头垄断不利于外贸培训行业的发展

大家说到外贸圈的培训讲师，报出的几个名字，基本都是那几个人。这样的培训现状不利于外贸行业的发展，外贸培训行业的真正利好是百花齐放，而不应该是寡头垄断。

三、外贸人如何正确接受培训

21 世纪，外贸进入一个迭代升级、高速转型的时代，外贸人都面临压力和困惑，如何在竞争中脱颖而出，如何完成蜕变和成长，答案是持续学习，而外贸培训是提升自己的手段之一。

但是外贸圈培训有这么多的痛点，作为一个普通的外贸人如何正确接受外贸培训呢？

（一）选择利用“外贸＋互联网”新优势发展的公司

外贸圈很多业务员都是“90后”，在当今的趋势下，应该选择依靠外贸＋互联网新优势发展起来的外贸企业，比如通过阿里巴巴开拓业务渠道，通过目前最火的跨境电商平台，如速卖通、eBay、亚马逊发展外贸零售业务的这类利用外贸＋互联网优势发展起来的外贸企业，因为有互联网思维，在员工培训上会比传统外贸公司做得更好。

（二）由公司给业务员培训

许多小微企业的老板缺少培训员工的意识，经过系统培训的业务员才是一个公司最大的资本。所以说如果你是一个睿智的老板，一定要给外贸业务员系统培训的机会。

公司层面给业务员的培训，无论是课程设置，还是费用都会更合理、更科学，也可以让员工感受到公司的关怀和福利。

（三）博采众长，尊重客观实际

很多外贸人选择培训课程和培训讲师是因为崇拜和盲从，刚刚也说了，外贸培训讲师给予个人的仅仅是思维方式和思维习惯。

想想看，做外贸生意核心还是靠自己，通过导师的关于思维方式的引导再结合自己的产品实践、生意情况操作才可能获得成功，最忌讳的就是依赖，记住，钱永远是靠自己赚。

（四）提高外贸业务员的自我学习能力

外贸业务员的成长过程就是自我学习的过程，特别是在电商时代，笔者公司的内部考核把业务员的自我学习能力摆在第一位。笔者认为，学习能力应该是业务员的首要素质。对于外贸业务员的自我学习，建议如下：

1. 夯实自己的专业基础

无论是做传统外贸还是现在的新外贸，业务员应该持续提升自己的专业素养，比如语言能力、对产品生产流程的掌控能力，这些专业的外贸素养需要业务员在日常的外贸业务实践中持续提升。

2. 养成固定时间学习的习惯

对于外贸人，特别是外贸新人，最好养成在固定时间学习的习惯，如早上打开电脑浏览资讯网站。推荐的网站有阿里巴巴外贸圈、雨果网、亿邦动力。你也可以习惯性地在早上学习几个外贸视频，这些视频在外贸圈或者培训市场有很多，都可以免费学习，其核心是让学习成为一个习惯，让自己每天都有成长。笔者非常推荐外贸业务员每天写工作日记，忙碌了一天，洗漱完毕，可以很随性地写写文章，总结一下自己工作的目标和心得体会，这样的习惯如果长期保持，不仅仅可以让自己的外贸业绩有增长，对于人生也会非常有价值。

3. 保持读书的习惯

不知道现在还有多少人有阅读纸质书的习惯，其实阅读是让自己持续成长的最廉价、最立竿见影的方式。推荐大家选择中国海关出版社的“乐贸”系列丛书。如果要提高外语能力，阅读纯英文的书籍、杂志也是不错的选择。此外，外贸人也可以看一些销售心理、销售技巧类的书。如果进入了企业的管理层，也可以看一些宏观经济类的书籍。这对外贸业务员的持续成长有很大的帮助。

4. 只要用心，学习无处不在

无论公司有没有系统的培训，不管老业务员是不是发自内心地想帮助你，只要我们用心，学习的机会无处不在。对于外贸新人，要多请教老业务员，尊重老业务员，诚恳地给老业务员打下手，留心观察，记录细节，用心实践，一定会有不小的收获。

5. 对于产品的学习是重中之重

无论外贸出口模式如何变化，做好生意的前提就是有好产品，所以一个优秀、成熟的外贸业务员应该对产品有着非常精深的了解。建议外贸业务员特别是外贸新人多去工厂车间实践学习，这样对于产品的生产流程、成本构成会有比较深入的理解，后期在控制交期、做价格谈判的时候会有很大的优势。

6. 单证报关环节是外贸流程的核心

笔者对于外贸流程非常熟悉，回顾笔者的职业发展历程，早期的外贸单证员和报关员的工作为笔者夯实了外贸专业基础。扎实的外贸专业知识让笔者做外贸更有效率，接单更容易，外贸出口更顺畅，所以笔者经常建议外贸新人在做业务员之前可以先从外贸单证员和报关员做起，这对外贸业务员的销售工作会有很大帮助，因为专业可以提高效率。

7. 外贸公司应该建立一套帮带机制

跟大家分享一下笔者公司的新人帮带机制，外贸新人进入笔者公司，首先会有大概一个月的基础培训，培训内容除了包括公司文化、产品知识、与业务相关联的外贸流程外，还有一些阿里巴巴等电商平台操作方法，以及外贸业务员心态的培训。老业务员帮带新人是有一套奖励机制的，新人进入公司后因为老业务员帮带产生的业绩会有一定比例的业绩收入分给老业务员，有这样的激励老业务员自然有动力。此外，公司中层业务经理对于基础业务员同样具有培训的责任和义务，这些都会计入员工的业绩考核。

四、跨境电商培训缺失的原因

很多中小微外贸公司，大部分都缺少一套系统、完善的外贸业务员培训体系。很多中小外贸企业，对于外贸业务员的考核流程往往是这样，招聘进来一批素质不高的外贸业务员，给予较少的业务工资和三个月的试用期限，很少给予其业务培训，他们如果做出业绩就留下，如果做不出业绩就淘汰离职。

很多中小微外贸公司老板往往有这样的想法，认为三个月考核期内对一个外贸新人投入的工资成本并不是很高，做不出业绩让业务员频繁离职换人，对于公司并没有特别大的损失。其实这是一个非常错误的观点，团队成员，特别是销售团队的不稳定，冲击的是一个公司的核心发展优势。同时，缺少系统业务培训对于外贸业务员特别是新人员工是不负责的。

笔者现在经营着一家中等规模的外贸工厂，又是从一线外贸业务员成长起来的，所以笔者最能理解为什么现在很多小微外贸公司不热衷于外贸业务员的业务培训。

（一）外贸公司老板的思维格局较小

笔者接触过很多传统外贸企业的老板，很多年龄都比较大了，靠着传统外贸时代黄金期，完成了外贸公司的原始资本的积累，面对错综复杂的外贸新趋势，特别是外贸 + 互联网，他们缺少参与变革的热情。再加上这几年外贸行业下行趋势明显，很多传统外贸企业的老板抱着保守的心态，守成即可，自然不会特别重视外贸业务员的培训。

（二）外贸公司缺少系统化培训的氛围

外贸业务员是一个比较独立的业务岗位，在公司是一个萝卜一个坑，因为外贸业务员的核心价值是创造业绩，每个人都面临业绩压力，自然不会有特别多的热情帮带外贸新人，甚至在某种程度上，因为每个外贸业务员都面临业务竞争，对于培训老外贸业务员的内心是拒绝的。

（三）外贸行业员工流动性大，带走公司客户是常有的事情

笔者大学毕业第一份外贸业务员的工作，因为外贸业绩不佳最终被老板开除，开除那天笔者问老板："你为什么不给我做系统化的外贸业务培训?"老板直截了当地跟笔者说："像我们这样的小外贸公司确实很难给予业务员更多资源，进行培训，特别是像你这样的男业务员，因为很多时候公司培养了一个成熟的业务员，最终往往是为他人作嫁衣裳，或者业务员自己独立出去创业了。"这种情况就决定了很多外贸业务员处于自生自灭的状态!

（四）外贸培训成本太高

笔者做外贸多年了，在刚刚开始做外贸的那个年代是没人帮带的，确实是完全靠自己去摸索。外贸 + 互联网类的培训也是在外贸电商迅猛发展以后才慢慢开始流行。最早是在广州深圳的外贸公司出现，后来因为巨大的市场需求，越来越多的第三方外贸培训公司参与其中。作为一个资深的外贸人，笔者认为，目前的外贸培训价格确实偏高。一个简单的课程基本上要 3 000 ~ 4 000元，一次几天的外贸培训动辄就上万元，现在发展得如火如荼的跨境电商培训的价格更是高得离谱。

第四章　跨境电商团队打造

第一节　中国跨境电商创业人才

中国的跨境电商行业目前发展得如火如荼，政府倡导，平台推进，企业积极参与，形势一片大好。

但是中国跨境电商存在的问题也不少，比如跨境物流、海外仓建设等都有待完善，其中对广大传统外贸企业转型做跨境电商制约最大的是缺少跨境电商人才，本节主要谈谈跨境电商人才的现实状况和中国高校的跨境电商人才培养模式。

一、外贸企业寻找跨境电商人才的真实故事

宁波的陈总是一个典型的传统外贸人，做传统外贸 20 多年，其公司主营的产品是服装辅料。他虽然没有赚很多钱，但是依靠苦心经营，他们工厂 50 个人的团队也算安安稳稳、顺风顺水。

2020 年疫情爆发，陈总的传统外贸业务出现断崖式的下跌，传统的线下展会停办，企业陷入了困境，但是陈总是个不服输的老一代外贸创业者，他带领公司员工迎难而上，全面转型做跨境电商。但是陈总对于跨境电商几乎是一窍不通，所以他首先想到的是招聘跨境电商人才。

陈总面试了很多跨境电商的销售总监，但是，他发现人才的价格普遍过高。陈总跟笔者说，一个深圳的资深跨境电商求职者向他报价年薪 48 万元，

还要求加业绩提成、后期的分红等福利条件。这样的人才价格对于分厘必争的传统外贸企业来说是接受不了的。

于是，陈总尝试另外一个方式，让现有的传统外贸业务员去参与亚马逊、eBay 等跨境电商平台的培训，但是他又发现培训市场的水更深，不仅培训费用贵、人才成长周期长、见效慢，而且很多传统外贸业务员缺少互联网电商销售的基因。

最终笔者给陈总推荐了一些中国的职业院校，然后陈总参与了几次宁波高校的跨境电商专场招聘会，最终找到了他认为比较合适、性价比高、符合中小外贸企业实际的跨境电商人才。

二、传统制造企业转型做跨境电商的人才选择

对于任何企业来说人才都是第一位的，对跨境电商企业更是如此。跨境电商在中国还是属于新领域、新行业，因此，跨境电商人才非常急缺。

中国的外贸出口在很长一段时间内都是以传统大额订单、线下模式为主，在线贸易、跨境电商仅仅是一个有效补充。用阿里巴巴曾经的 CEO 卫哲的话说，电商在中国的发展历程是从不入流到非主流，到今天的主流。

电商和跨境电商崛起的根本原因是传统外贸出现疲态，劳动力成本、原材料成本增加，传统的靠廉价优势生存和发展的外贸企业每况愈下。再加上这几年中国政府大力推动，跨境电商得以从一个边缘的出口模式转变为主流模式。

对于广大传统外贸出口企业来说，要选择跨境电商人才，一般来说有以下几个渠道：

＊ 从深圳、广州等跨境电商发展较快的领先城市招聘，挖掘优质跨境电商人才。深圳目前是中国跨境电商发展时间较久、较为成熟的城市之一，这个城市的跨境电商人才确实非常优秀，但是这样的人才对于普通的外贸企业来说，普遍价格太高。

＊ 阿里巴巴系、淘宝系电商人才转型做跨境电商。受电商教育最系统、人数最多的应该是阿里巴巴系的电商人才。因为阿里巴巴公司非常重视对付费会员的培训，针对阿里巴巴国际站的付费会员有一套系统、完善的电商培

训。这些成熟的电商人才，对于跨境电商的理解和运营能力都非常强。还有就是淘宝系的电商人才，比如说阿里巴巴速卖通平台跟淘宝平台的运营逻辑基本上是一样的，所以淘宝电商人才转型做速卖通平台得心应手，但是这类成熟的跨境电商人才价格也不便宜。在宁波，这样成熟的跨境电商人才的工资大概是8 000元到12 000 元月薪之间，还不包括业绩提成，这样的人才价格对于传统小微外贸企业来说依然比较高。

* 跨境电商专业的学生。笔者认为对于广大传统外贸企业，尤其是中小企业来说，最符合企业实际的还是从学校招聘跨境电商人才。笔者公司每年都会参与高校的跨境电商人才招聘会。

从 2018 年开始，中国的各大本科和高职高专院校都纷纷开设了跨境电商专业，这些高校的跨境电商人才，在大学里已经系统学习了各大主流跨境电商平台的操作方法，一部分学生已经运营店铺，并且取得了一定的销售业绩。

对于普通的外贸企业来说，这些跨境电商人才的薪资不会特别高，因为毕竟是学生，其次这些学生已经拥有了跨境电商专业技能，进入企业以后，通过企业培训和产品实践，很容易上手做出非常好的销售业绩。所以，高校的跨境电商人才是最符合中小外贸企业实际的。

三、中国高校跨境电商人才教育的现状

目前来说中国的高校是非常重视跨境电商人才教育的，2019 年教育部根据《普通高等学校高等职业教育（专科）专业设置管理办法》，在相关学校和行业提交增补专业建议的基础上，组织研究确定了 2019 年度增补专业共 9 个，其中就包括跨境电商专业。

2020 年 2 月 21 日，中国教育部又公布了《普通高等学校本科专业目录（2020 年版）》，其中，跨境电子商务成为新设的专业之一。浙江万里学院、浙江外国语学院、杭州师范学院钱江学院等 7 个高校纷纷开设了跨境电子商务专业，这意味着中国系统化的跨境电商教育正式建立。

（一）浙江万里学院的跨境电商人才教育

作为一个资深的跨境电商创业者，笔者深知跨境电商行业对于人才的渴

求和跨境电商人才的价值。笔者认为，浙江万里学院的跨境电商人才教育，给全国高校做出了非常有意义的探索。

浙江万里学院所在的宁波市是中国的港口城市，宁波的外贸企业非常活跃，目前宁波政府对于跨境电商的发展也非常重视。

浙江万里学院人才培养最大的特色就是采用产学结合和校企合作的模式。

宁波的雅豪集团、正正电商、中基外贸等都是中国跨境电商的头部企业，浙江万里学院通过与这些企业合作，让学生具备练习实操和创业的场所和条件。

浙江万里学院还和宁波市商务局、保税区人才办合作，建设了非常好的校外实习培训基地。企业、政府、高校共同培养，为企业输送了优质的跨境电商人才。

此外，浙江万里学院采用了“2.5 +1.5”“3 +1”等人才培养模式，在教学内容、教学方法上都有创新。跨境电商专业的学生在掌握跨境电商全流程操作技巧的同时也具备了创业能力。浙江万里学院的跨境电商特色班的毕业学生就业前景和企业评价都非常高。

（二）浙江纺织服装职业技术学院的跨境电商人才教育

浙江纺织服装职业技术学院是一所宁波市的高职院校，在跨境电商教育和人才培训方面一直做得非常好。这跟宁波的外贸产业优势密不可分，它早在 2014 年就和宁波的头部跨境电商企业宁波淘淘羊电子商务有限公司合作，签订跨境电商人才培训校企合作项目。

这几年浙江纺织服装职业技术学院商学院逐步建立了以孵化基地建设、精品教材开发、模拟综合实训、创新创业实战、职业素养提升、实习就业指导为主体的校企合作模式，共建跨境电商人才培养体系。

浙江纺织服装职业技术学院是首批荣获“全国跨境电商专业人才培养示范校”称号的跨境电商职业高校。

笔者的公司纵横四海也招聘过浙江纺织服装职业技术学院的一个跨境电商人才，笔者根据企业用人的真实体验来分享一下感受。

笔者的公司是通过高校招聘会招聘到该校的跨境电商人才的，他是一个非常优秀的“90 后”男生，他在学校时就在亚马逊电商平台运营过店铺，并做到月销售额几千美元的业绩。招聘到他后公司给予他基础的工资，以及产品和供应链资源和一定的利润分成。此外，公司为他提供业务培训机会，后来，他在短短的1年时间里就给公司创造了几百万美元的销售业绩，给企业带来了利益。

四、关于高校跨境电商人才的创业教育

目前，国家大力倡导“大众创业，万众创新”，跨境电商行业作为目前最具前景的优势行业，很多学校的跨境电商人才选择创业，并取得了非常不错的成绩。其中“90后”和“00后”的年轻创业者，因为天然地具有移动互联网基因，往往更能取得成功。

“90后”的跨境电商创业案例——小潘的故事

小潘毕业于宁波大学国际贸易专业，目前在亚马逊电商平台开设店铺。大学毕业的时候她首先进入了一家跨境电商上市公司做平台运营。因为在大学时代已经具备了电商运营的专业技能，再加上公司的培训和自己的努力，短短一年她的销售业绩就已经非常突出了。

她原先的公司做的产品品类是床上用品，她看到这个品类在亚马逊电商平台的巨大市场，于是在进入公司一年后，就离职开始自己创业。

小潘同学的成功跟宁波当地优质的跨境电商环境密不可分。宁波有很多扶持大学生创业的跨境电商园区，为学生跨境电商创业提供优惠政策。本身小潘在上市公司就有跨境电商运营经验，再加上政策扶持，她上手亚马逊店铺的速度非常快，同时她又非常熟悉这个行业的下游供应商，再结合她自己对于海外市场的理解和分析，她推的几款产品都成为爆款产品，收入非常稳定，而且前景非常好。疫情持续下，笔者又采访了小潘，小潘的回复是因为她们的产品属于宅经济的范畴，店铺生意非常好。

跨境电商行业的发展要人才先行，面对日益高涨的跨境电商人才需求，中国的高校已经采取措施大力推动跨境电商教育，这为广大普通的中小外贸企业转型做跨境电商提供了非常丰富的人才储备。

第二节　跨境电商创业如何组建团队

一、什么样的团队是优秀的外贸团队

团队建设和管理一直是中小外贸企业非常大的痛点，中小外贸企业的公司规模小、资金实力相对较弱，业务量又不稳定，相对的人员配备也比较少。很多小微外贸企业的制度不是很完善，所以公司人员流动性非常大、凝聚力差，最终导致企业效益越来越差，被市场淘汰。

笔者曾经是一家大型国有外贸公司的管理者，这家外贸公司曾经是中国外贸出口百强企业，在这家公司带团队的时候，笔者就非常重视外贸团队的建设和激励，下面向大家介绍一下优秀的外贸团队应该具备哪些素质。

（一）外贸团队建设的核心——优秀的职业外贸经理人

建立优秀的外贸团队的前提是具备优秀的职业经理人。很多外贸创业企业，创始人就是这个公司的最佳职业经理人。卓越的外贸经理人是外贸企业的核心和灵魂。

所以，我们想要把外贸团队打造好，首先要确保外贸职业经理人足够优秀和全能。一般来说职业外贸经理人，应该具备强大的业务能力，优秀的识人、培训、带队能力，以及非常积极的业务心态，在销售逆境的时候可以鼓舞团队士气。优秀的职业经理人不仅可以吸引优秀的外贸业务员加入，还可以提升外贸公司的销售业绩。

（二）“狼性”和战斗力

一个好的外贸销售团队应该具备狼性，有非常系统的考核体系和 KPI（Key Performance Indicators，关键绩效指标），赏罚分明，并且鼓励团队内部的销售竞争，一个有狼性的、具备战斗力的外贸销售团队，才可以不断地创造亮眼的销售业绩。

（三）结果导向和销售目标导向

外贸销售团队一定要以结果为导向和销售目标为导向，应该制定非常清晰的季度销售目标、六个月销售目标，并且积极地推进和落实。销售团队只有具备了明确的销售目标，才能展现出战斗力和开拓力，保障销售业绩。

（四）建立创新型和学习型的外贸团队

外贸行业正在经历数字化转型，所以，建立一个学习型的团队是非常有必要的。分享和学习对于外贸业务员来说非常重要，如外贸经理人带队全员参与分享、学习外贸的趋势和知识，参与阿里巴巴等线上线下的培训，邀请外贸讲师分享，这都是学习的途径。

除了学习之外，外贸团队必须具有创新精神。阿里巴巴公司有一个口号，就是拥抱变化。目前传统外贸行业不景气，各行各业都面临压力，急需转型，新型外贸公司必须具备创新精神，从商业模式，到组织架构、薪酬体系、合作人制度等，都需要根据实际的外贸环境，持续创新。

二、传统外贸团队的结构

传统外贸公司的团队结构其实非常简单，包括外贸经理、外贸业务员、外贸跟单员、外贸单证员、财务、质量检验、包装设计、外贸后勤等。很多小微外贸公司一人兼多职，但是无论公司有多少员工，人员配备必须具备下面几个功能：

* 外贸商业信息资源开发功能，比如说发开发信、邮件整理、各种外贸商业信息整理；
* 外贸市场推广功能，即营销功能，包括阿里巴巴国际站推广，Google推广，广交会展会、海外展会、社交媒体的推广；
* 客户沟通和联络功能，包括邮件沟通、电话沟通、邀请客户来工厂沟通；
* 订单成交功能，包括订单的谈判成交、议价等；
* 供应链功能，包括整合供应商资源的能力。

外贸公司如果想要成功或者说创造非常好的销售业绩，必须具备这些功能，并且可以根据公司实际确定员工人数，如果是规模以上的外贸公司，人员配备可以多一些，分工清晰一些。如果是一个初创型公司，可能就要一个人兼多职。判断一个公司是否优秀的关键不是它拥有多少员工，而是这个外贸企业的职业功能是否完备。

跨境电商企业的功能要复杂得多，它更像一个互联网企业，需要具备如下功能：

＊ 营销策划功能，包括目标市场的市场调研、数据分析、选品、店铺定位、整体的规划等。

＊ 推广引流功能，包括阿里巴巴国际站 P4P（Pay for Performance，按效果付费）推广、Google、SEO（Search Engine Optimization，搜索引擎优化）、SEM（Search Engine Marketing，搜索引擎营销）、社交媒体的营销推广。

＊ 跨境电商平台的运营，熟悉各大跨境电商平台的规则制度，比如阿里巴巴国际站、亚马逊、eBay、Wish、速卖通的后台操作。

＊ 品牌策划和推广功能，目前跨境电商已经进入品牌竞争的时代，对于任何一个跨境零售公司来说，拥有会策划品牌、经营品牌的人才非常重要。

＊ 跨境独立网站的运营建设功能，跨境电商零售除了通过跨境电商平台外，独立建站也是非常重要的渠道，所以，跨境 B2C 网站建设、应用系统开发、电子支付接口开发都是非常重要的能力。

＊ 在线客户服务功能，包括在线服务客户、处理订单支付问题。

＊ 物流发货管理功能，包括物流选择、跨境海外仓管理、库存管理、发货管理等。

三、外贸公司如何招聘优秀的业务员

刚刚说了优秀的外贸团队应该具备的功能，现在再来聊聊，如何建立这样一个外贸团队，以及招聘的一些问题。

现在外贸公司招聘员工的渠道非常多，主流的还是 58 同城、BOSS 直聘等网站，只要公司待遇不是特别差，应聘者会比较多，但是如何根据自己的实际情况来选择外贸人才呢？

（一）价值观

很多人认为价值观是大公司才拥有的，其实并非如此，价值观对于任何公司都是必需的。价值观能反映出员工对于公司、工作的态度，大家都知道个人品质非常重要，一个优秀的老板应该通过沟通交流，判断出应聘者和公司的价值观、发展理念是不是一致。

（二）外贸行业的专业背景

首先来说一下专业背景的重要性，对于这个问题仁者见仁，智者见智，笔者认为国际贸易专业毕业的人会更好一些，他们有相关专业背景，有扎实的英文基础，熟悉国际贸易操作流程。但是也不是一概而论，有些非国际贸易专业毕业的人转型做外贸也做出了非常不错的业绩。

（三）注重业务员的学习能力

面试的时候通过双方沟通交流，可以判断业务员的学习能力，比如说给业务员一个新的产品品类，让他谈谈对新品类的看法，平常他是通过何种渠道和方式持续提升自己的业务能力和水平的，以及他对于学习能力的看法等。

（四）外贸业务员的应变能力

通过面试中的交流，判断面试者的沟通能力、情商、待人接物的能力。企业可以现场模拟一个与客户电话沟通的过程，看看业务员如何跟客户沟通交流。

（五）外贸业务员的抗压能力

外贸业务员的抗压能力应该是面试中重点考核的内容，外贸业务员经常遇到销售逆境，比如很长时间内做不出业绩，彼时，业务员需要调整负面情绪，这是外贸业务员最重要的业务素质之一。面试的时候可以直接问业务员“如果你进入公司三个月一直没有业绩，你会如何调整自己，如何面对公司和同事？”看看业务员面对挫折和困难时，如何自我调整。

（六）外贸业务员的综合素质

综合素质包括业务员给人的总体印象，他的穿衣打扮、言谈举止。一般来说，做外贸业务员的人，形象不能特别差，无论是男生还是女生。

四、业务员流动性大好吗

现在我们来探讨外贸公司特别是小微外贸公司非常敏感的问题——业务员流动性大。大家有没有发现一个现象，一些小的外贸公司一年到头都在招聘外贸业务员。其实这跟很多外贸公司老板的心态有关系。很多小的外贸公司，招聘的时候门槛比较低，给外贸业务员的工资也非常低，三个月作为一个周期，三个月内不给予员工培训和帮助，做出业绩的人留下，做不出业绩的人就清退。很多外贸公司老板心里暗想，反正工资低，走了再招聘新人，也不吃亏。其实这恰恰是做企业最大的忌讳，如果一个公司人员流动性过大，对于团队的稳定性和员工的归属感有很大的冲击，团队会没有凝聚力，更谈不上忠诚度。笔者的建议是招聘建立团队的时候要尽量严谨认真，业务员入职以后要给予高于行业水平的工资（5 000 元/月 ~ 7 000 元/月），并且给予他/她成长空间，允许一定的销售空档期。当外贸业务员跟企业一起成长时，给企业的回报会更多。

五、外贸业务团队的培训和激励

通过面试沟通，大家精挑细选组建了自己的外贸团队。他们进入公司后的第一步应该是系统地接受培训。笔者经常强调一个观点，未经培训的外贸业务员是公司最大的成本。关于外贸业务员的培训笔者公司是这样做的，首先就是公司内部培训，培训内容包括价值观、产品知识、规章制度、心态、同事协同。一般是由一个外贸经理带队，一周召开一次业务分析会，帮助大家一起成长。此外，还有定期的团建和户外活动，鼓舞士气，活跃气氛，鼓励大家认真工作、快乐生活。

六、优秀外贸管理者应该具备的素质和能力

外贸团队的核心是带头人，一个优秀的外贸团队无论是组建还是管理都需要一个管理者，笔者认为优秀的管理者首先要有丰富的外贸从业经验，只有具备这个，才可以在组建、管理团队的时候发挥价值，慧眼识英雄。其次，一个优秀的管理者应该善于制定目标，让整个团队冲着目标奋力拼搏。好的管理者更像一个导师，对于员工循循善诱，帮助其成长，善于激发员工的潜力，在外贸业务员面临压力和挫折时，善于鼓励和引导。好的外贸管理者还像是一个家长，有担当、有责任心，给予团队归属感。

（一）善于制定目标

制定一个完善合理的目标，让团队积极向上，不断进步是外贸经理的首要任务。

（二）员工成长管理

不断成长的团队才是最稳定的，好的管理者通过培训，帮助个人成长，并且根据外贸岗位制定不同的成长路径，或者走专业路线，或者走管理路线，保证人才持续成长。

（三）外贸业务员的绩效管理

好的绩效管理能促进外贸业务员进步，一个好的公司应该有一套科学合理的薪酬系统，比如固定工资、业绩提成等。

（四）善于激励员工

善于鼓励团队士气，带领团队披荆斩棘，最终实现销售目标。

七、外贸团队不需要的业务员类型

（一）个人英雄主义的业务员

外贸业务员这份工作比较独立，很多业绩好的业务员，客户越来越稳定，

业绩越来越突出，因而对于公司的制度和文化的认同和服从变得越来越差，公司应该及时发现业务员这样的心态。公司强调团队协同，业绩再出色的外贸业务员如果不遵守公司制度，还是应该放弃。

（二）不稳定的业务员

跟供应商关系紧张，跟同事关系不融洽，遇到一点小事就激动，脾气差、情绪管理能力差，这样的业务员会影响整个团队的氛围，建议放弃。

（三）“兔子型”的业务员

老好人，但是业绩能力比较差，学习能力也差，缺少创造力，这样的员工必须淘汰。

（四）破坏规则的业务员

比如抢公司同事的客户，做一些违反外贸行业底线的事情的业务员，他们会破坏公司的业务平衡，必须放弃。

八、在线大促、外贸销售旺季的团队组建和管理

跨境电商、数据贸易是新外贸的主流，阿里巴巴国际站每年三月的新贸节数据表现亮眼。电商贸易和传统贸易的人员配置是非常不同的。线上的团队配置，决定着外贸企业在线销售的业绩。

（一）团队负责人

比如每年的“双十一”、“黑五”、三月新贸节等大型促销活动中，团队负责人对于企业的销售业绩来说非常关键。一般这类活动的销售负责人应该有丰富的跨境电商从业经验，非常了解在线操作的玩法，负责团队的协调和统筹，类似于春节晚会导演的角色。

（二）在线的客户服务团队

参与活动的在线客户服务团队的外贸专业能力应该非常好，有扎实的产

品知识，持续保持在线，并且善于引导客户下单，把客户对于产品的评价及时传达给工厂和管理层，促进销售业绩提升，服务客户。

（三）产品开发和选品经理

活动中产品永远是第一位的，好的选品是活动成功的第一步，好的产品经理，具备非常强大的供应链能力，对于市场敏感，品质控制能力也非常强。

（四）文案策划编辑岗位

这个岗位的人员要懂得海报设计、文案策划，有独立的推广能力，善于通过社交媒体引流。

（五）订单处理及物流人员

订单处理及物流人员要管理产品库存数据、发货、包装、仓库，负责出货事宜、物流运输、客户收货退货，同时，还要跨部门协作。

（六）法律合规人员

法律合规人员要帮助企业规避风险，比如做亚马逊大促，法律合规人员要防止品牌侵权、出现刷单风险等。

第三节　跨境电商行业工作趋势与绩效考核

一、在线办公的趋势

2020 年的疫情让在线办公流行起来，特别是疫情的早期，我国很多外贸公司都选择在线办公模式。其实在线办公模式在外贸圈一直非常普遍。但是大范围实行在线办公，对中国企业来说确实比较新，本节就重点来分享一下，疫情持续下的在线办公新模式。

（一）在线办公在中国外贸企业可行吗

目前中国的疫情已经基本上控制住了，很多外贸企业纷纷恢复了常态化的工作，但是对于外贸企业来说，思考一下在线办公的趋势和未来也是有意义的。

同时，对于外贸企业来说，在线办公也是企业转型和员工共享的一个契机，比如很多外贸公司在疫情下不得不裁员，还有一部分员工通过企业共享员工的方式服务企业，降低了企业的人工成本。

关于在线办公笔者也采访了外贸圈一些同仁。陈小姐是深圳一家跨境电商企业的运营人员，疫情期间，公司让员工在家在线办公，因为跨境电商企业一直有在线办公的传统，所以陈小姐对于在线模式非常习惯。陈小姐认为在线办公不仅仅可以减少疫情感染风险，让工作心情变得愉快，而且可以减少交通压力，在家里办公，安安静静，反而效率更高。

不过宁波的盛总对于在线办公有不同的意见和看法，作为一个传统外贸企业的老板，他认为在线办公不适合中国的出口企业，理由就是在线办公老板不能管理员工，对员工进行考核。而且从企业管理者的角度来说，也不是所有的岗位都可以在线办公。同时在线办公存在包括企业核心客户资料、核心技术泄露的风险。

（二）传统外贸企业在线办公的难点

笔者认为在线办公模式对于外贸企业非常有价值，优质成功的企业都有大部分员工采用在线办公模式，比如阿里巴巴。但是在线办公模式对于外贸企业来说比较新，所以确实存在下面几个难点和问题：

1. 传统外贸企业在线办公条件还不成熟

文章开头就提到，在线办公在欧洲和美国这样的发达地区是非常普遍的，早在 2017 年美国就有超过八成的企业引入了远程办公制度，有超过 3 000 万人在家远程办公。但是，大规模在线办公的前提是，企业的数字化办公能力强大，目前很多传统外贸企业缺少数字化办公基础建设，企业的管理者和老板更是没有这样的理念。

2. 企业核心数据和客户资源的安全性难以保障

这也是目前广大外贸企业认为在线办公不适合传统外贸企业的核心理由之一。外贸公司，特别是跨境电商企业，有很多核心的商业资源、流量数据等，老板很担心这些核心数据和客户资源的安全性，公司又没有非常完善的管理体系对此予以保障。

3. 外贸企业的团队管理问题

对于很多传统外贸企业老板来说，在线办公的员工管理问题非常棘手，很多外贸公司，哪怕员工在公司办公，都面临着各式各样的员工管理问题，更何况员工不在公司。如何考核员工的工作效率、工作进度困扰着许多管理人员。

4. 企业员工的在线沟通效率和协调

疫情下，通过钉钉等软件进行在线办公，企业的老板和管理者发现，员工的沟通效率、协同能力出现问题，毕竟在线沟通和现实的沟通不一样，沟通产生问题，工作的效率自然下降，同时也会产生管理问题。

（三）在线办公是否大势所趋

在线办公对于外贸企业来说具有无可比拟的优势。比如在线办公，首先减少了办公室场地、电脑和其他办公设施的投入，其次，未来在跨境电商行业共享员工模式会越来越流行，人员成本可以大幅降低。

对于员工来说在线办公也非常方便，比如说自由灵活、方便省时，拥有更多的私人空间和自由度等。

所以从行业长远发展来说，在线办公模式肯定是未来的趋势之一，也是外贸行业的利好。

（四）疫情促使中国的在线办公模式流行

1. 企业的数字化基础建设越来越完善

2020 年的疫情在给很多行业带来压力和困境的同时，也成就了一部分行业，比如今年阿里巴巴的钉钉在线软件非常受欢迎，在手机应用软件商店的下载量一度超过腾讯的微信。

企业微信、飞书等远程办公软件也纷纷抓住这个机遇，推出了视频会议和语音会议等服务。同时，国内企业数字化转型的趋势也因为这次疫情进一步向前推进。

很多外贸中小企业都是阿里巴巴的客户，阿里巴巴国际站通过平台的资源在推各种各样的数字化办公软件和应用。后期随着外贸企业数字化能力越来越强，相信在线办公会越来越流行。

2. 互联网信息安全法律制度日益完善

目前中国已经有《中华人民共和国电子商务法》和《中华人民共和国网络安全法》，跨境电商企业自己的法律意识和制度也越来越完善，特别是那些销售规模大的头部企业。此外，我国有非常安全的法律政策环境，后期在线办公模式会越来越流行。

3. 关于在线办公的员工管理

疫情下，笔者采访了很多品牌企业，其中互联网企业的在线办公模式非常领先，也越来越成熟。对于广大外贸企业比较困扰的在线办公的员工管理难问题，企业可以通过制定符合远程办公的流程，更新企业的业绩考核制度来解决，让员工在家办公也有明确的工作目标和工作要求。

在线办公的流程也可以考核，比如在线工作时间、及时反馈度、任务分配情况、汇报情况、监督情况等。

在信息沟通方面，钉钉这样的在线管理软件已经非常成熟，可以建立公司群，进行员工在线打卡、在线语音，召开在线会议、远程视频会议，甚至密聊，对于外贸中小企业非常实用。

同时，作为阿里系的办公软件，钉钉在客户培训、用户培训方面也做得非常好，大家也可以关注一下。

4. “公司办公 + 在线办公”才是重点

在线办公对于很多外贸企业来说还有特殊的意义，那就是减少成本。如果企业适应不了在线办公，可以选择公司办公 + 在线办公两种模式结合，这可以很好地满足中小外贸企业控制成本的需求。

比如在公司有一个规范成熟的制度体系的情况下，跨境电商在线销售人员、在线客户服务人员都可以在家办公，每周到公司开几次会，有什么问题沟通解决即可。

二、美国合伙人 15 年在线办公经验分享

笔者的公司在美国纽约有一个合伙人，他是笔者的大学同学，他有 15 年的在线办公经验和在线管理经验，他的很多观点和方法展现了美国企业在线

办公的领先理念。

（一）如何在线管理团队

如果你的公司打算进行在线办公，你应该搞清楚下面几个核心点：

* 公司是否制定了非常清楚的工作目标；
* 在线办公也需要准时打卡签到；
* 领导和员工的在线沟通是不是高效率；
* 公司是否有完善的在线 KPI 考核制度；
* 公司法务制度是否完善，是否可以保证核心资料和信息数据安全。

首先，在线办公团队应该有一个非常明确的目标，团队的每个人都应该非常清楚，自己具体做什么事情，要完成什么样的目标。

笔者团队的成员每周都会做一次沟通，让大家清楚知道每个人在接下来一段时间里要做哪些事，完成哪些任务。

其次，在线办公模式下公司要更注重管理，比如定时在线打卡，这样会让大家意识到虽然在家办公，但是也要遵守公司制度。

再次，每天早上召开视频会议，记得一定要让员工把视频打开，就像线下一样交代工作任务，提出一天的工作要求。

最后，公司的资料全部放在云端，公司的任何人都可以很方便地下载。

（二）在线员工每天写工作报告

这也是提高在线员工办公效率的一个方式，企业老板可以要求员工每天下班前提交当天的在线工作内容，比如今天的工作进度都要记录。内容可以比较简短，但是需要每天提交。这样管理者就可以非常准确地掌握每个人的工作情况。通过这样的工作总结，让员工产生约束感，进而在家更好地工作，保证工作效率。

（三）领导者制定明确的工作目标，并且推进进度

在家办公最大的问题就是工作容易偏离轨道，效率低下，所以，在线工作团队的领导者首先要给团队制定一个非常清楚的目标，而且把目标明确地分派给团队成员，并且跟进进度，确保团队每个员工的工作效率。工作内容

要具体、明确，有时效要求。

把明确的工作计划和工作内容分享到团队的空间里，这不仅仅可以让管理者及时掌控员工的工作进度，而且还可以让团队成员相互监督。

（四）在线即时通信和在线办公软件的使用

提升在线办公效率，除了靠管理，还应该选择更好的在线办公软件，在线办公软件目前有钉钉、飞书、企业微信等，这次疫情促使我国的在线办公软件快速发展，软件功能也越来越强大。员工打卡、员工健康打卡、云盘、共同编辑文档等，各种各样的办公协同软件不断涌现。

（五）企业老板多和员工沟通

在线办公模式考验着企业老板的管理能力，要管理好在线员工，首先要与在家办公的员工多沟通，多去倾听员工内心的想法，了解其思想动向。

沟通的方式有文字沟通、语音沟通，还有一对一的视频沟通。通过各种沟通方式，帮助员工解决工作中的实际困难，并且传递公司发展的信心，给予员工安全感。

（六）企业文化

在线办公模式下依然需要打造企业文化和企业氛围，大家在线工作累了，可以通过在线方式做一些活动，最典型的就是老板在群里发一些红包鼓励大家，也可以在线做一些游戏或者评选，通过这样的在线活动让员工产生归属感。

三、绩效管理

（一）外贸业务员的固定工资标准如何制定

对于外贸业务员固定工资的设置，笔者的建议是，对于任何一个公司来说团队的稳定性都是第一位的，所以选择外贸业务员的时候尽可能谨慎，经过多轮面试，对于面试通过的业务员你要给他多一些的固定工资。

假设宁波市的外贸业务员的平均工资是 3 500 元，你就给这个业务员 4 000元到 4 500 元，这样做的结果是你公司招聘的外贸业务员的素质会非常高，对企业忠诚度也很高，稳定性强。

但是固定工资肯定不能白拿，笔者公司对于业务员工作内容有一套非常系统的管理，而且有非常详细的考核体系，主要从下面几个方面去考核业务员：

1. 工作态度

业务员的工作弹性很大，如果公司没有详细的制度，很多业务员有可能无所事事，一天到晚对着电脑、玩玩手机，创造不出业绩。

所以，对于业务员的考核首先就是工作态度，比如说积极与客户沟通、与工厂协调、学习产品等。

2. 工作责任心

对于公司交代的任务，比如说让你去跟进客户，让你去工厂验货，让你去接待客户，作为外贸业务员的你，是不是本着积极、诚恳、从公司利益出发的角度去完成任务。

3. 遵守公司的制度

例如外贸业务员是否经常上班迟到，或者无故离开座位，是否去工厂不申请、不报告等。笔者将员工对于公司制度的严格遵守归入考核制度。

4. 员工心态和面貌

作为外贸业务员有积极的心态非常重要，所以，笔者也会在日常工作中考核外贸业务员的心态，比如是否在公司传播负面情绪，渲染负面因素。还有就是员工精神面貌的考核，如仪容仪表、接待礼仪、言行举止，因为外贸业务员代表公司的形象。

进入笔者公司要拿到 4 500 元的固定工资，首先要进行上面的考核，符合考核要求拿足 4 500 元，考核不达标根据规定扣钱。

（二）清晰地规定外贸业务员的工作内容

这点对于小外贸公司来说最为重要，因为很多外贸业务员不知道自己的工作内容是什么。笔者公司对于外贸业务员一天的工作有着非常清楚的规定：

* 进入公司第一件事情是花 20 ~ 30 分钟学习外贸知识，去阿里巴巴外

贸圈、阿里学院看文章和视频。

＊ 阿里巴巴店铺的维护，包括上新产品、重发信息、询盘回复。

＊ 开发新客户，包括给客户发开发信，笔者公司规定每个业务员每天发 20 封开发信。

＊ 社交媒体的推广，Facebook、领英的产品信息传播。

＊ 其他部门的沟通和协调，比如跟单证员的沟通、跟工厂的沟通、跟货代的沟通。

＊ 老客户的维护，比如主动询问已经收货的老客户，卖货情况如何，产品的市场反馈等。

＊ 了解行情趋势和竞争对手的价格水平，比如去阿里巴巴看对手的网站，了解他们出了什么新款式、新产品。

（三）外贸业务员的业绩提成

聊完固定工资，我们来聊聊业绩提成怎么核算。

1. 根据销售额核算业务员的提成

笔者公司是一家工贸公司，所以，我们选择的是根据销售额计算业务员的业绩提成。这样的算法非常简单，也容易操作。对于工厂来说老板最懂产品的制造成本，一般来说给业务员一个最低的出厂价格，让业务员去卖货，订单成交后，业务员根据销售额按比例提成。

对于销售额提成的比例，没有统一或者明确的标准，不同地区和不同产品差别很大，一般是在 9‰～5% 之间，大多数行业是 1%～2%。

如果外贸业务员不知道自己的业绩提成是不是合理，可以对比一下行业的普遍水平，一般来说好的外贸公司业绩提成普遍比行业水平高 2%。

2. 关于保底销售业绩提成

很多外贸工厂有保底业绩提成，就是说外贸业务员必须达到固定的销售业绩才能有合理的业绩提成，如果没有完成固定的销售业绩提成非常低。比如说销售额超过 100 万美元有多少销售业绩提成，超过 200 万美元有多少业绩提成，超过 1 000 万美元有多少业绩提成。

这样的业绩提成方式最大限度地保护了公司的利益，但是对于外贸业务员，特别是外贸新人来说压力非常大。

笔者建议保底销售业绩提成的方法比较适合成熟、拥有固定客户资源的老业务员。

3. 根据利润核算业务员的提成

外贸公司一般选择根据利润计算业务员的提成，宁波的外贸公司给予业务员的利润提成比率大概是15% ~20%之间，但是，一般的外贸公司会收取业务员管理费。所以，外贸业务员拿到手的提成往往低于实际承诺的提成。

4. 合作的业绩提成

很多老的外贸业务员跟外贸公司是合作关系，比如说办公室工位费、电话费、广交会费用、车马费，这些由公司预先支出，等业务员做出业绩，再从利润中扣除相关费用。

合作性质的业绩提成适合已经到达一定业务层级的资深业务员。这种合作方式一般来说公司的利润会高一些，从公司的角度来说，基本上只赚不亏本，成熟的业务员业绩非常稳定，客户资源也非常固定，再扣除日常的经营成本，公司的收益非常不错。

5. 关于外贸公司的合伙人制度

现在外贸公司最流行的就是合伙人制度，公司提供办公场所、资金与技术支持、资源，业务员自行组建团队，自己决定业务，和公司签订协议，利润分成。

外贸合伙人制度等于是合作经营，业务员可以根据自己的资金、客户资源、供应链能力参与到公司经营，进而获得利润甚至经营的分红。

这种方式适合层级最高的外贸业务员，它非常好地避免了自己独立创业带来的风险，同时又能享受原来公司的福利、品牌和资源，达到共赢的目的。

6. 关于跨境零售的业绩提成

现在外贸行业最赚钱的应该是做亚马逊、速卖通、Wish 的跨境零售卖家，他们如果做出爆款很容易赚到钱。而且很多工厂老板不懂跨境零售，又急于做出业绩，所以给业务员的业绩提成非常高。很多公司跨境电商业绩提成比率可以达到5%，甚至更高。所以如果外贸业务员想多赚钱，建议大家选择跨境电商零售行业。

（四）业务员业绩的结算时间

业务员要靠业绩提成吃饭，所以业绩提成什么时候结算，相信是每个业务员都关心的问题，笔者给外贸公司老板的建议是：

1. 业绩结算越及时越好

笔者公司的业绩提成是当月结算，这样就可以非常好地鼓励业务员，还有很多公司一个季度结算一次。

2. 关于一年结算一次的建议

很多公司为了留人，业绩提成一年结算一次，这个笔者不是特别推荐，最佳的做法是，平时结算一部分，年底结算一部分。

（五）外贸公司老板正确的心态

外贸行业发展到今天，笔者认为老板和员工都应该持续成长，其中员工的成长和发展是最关键的，通过公司的平台，员工收入持续增加，有了归属感，公司人员稳定，这才是一个公司的资本。

对于特别优秀的外贸业务员，笔者公司的做法是比原先承诺的业绩提成多出1%～2%来奖励员工。

笔者一直有这样的理念，公司靠员工驱动，给予员工更好的条件、更多的支持，员工才会付出更多，公司才能更完美。

四、外贸业务员职场晋升全攻略

笔者发现外贸新人最大的一个问题就是对于自己的职业定位比较模糊，很多外贸新人非常盲目地进入了外贸职场，缺少对于外贸职业发展的规划，最终的职业发展不尽如人意。

很多资深外贸人，经历了传统外贸行业的跌宕起伏，也经常困惑要不要继续走外贸这条路，这导致外贸业务员的流动性越来越大，外贸行业也越来越不景气。

（一）外贸业务员的职业发展路径

1. 初入外贸职场

虽然现在做外贸的门槛越来越低，做外贸的人越来越多，但是想要做好外贸，对业务员的综合素质要求非常高，所以笔者建议进入外贸行业的人最好是具备外贸综合素质的专业人士，比如国际贸易专业毕业，拥有英文优势和基础的电商理念优势。

2. 熟悉产品，选择一个好行业

刚刚进入外贸职场的新人，需要选择一个好的细分行业和好的产品，笔者经常开玩笑说，外贸业务员找产品就像找对象，找到一个好的产品，你的外贸业务就已经成功一半了。

如果你刚刚大学毕业，在选择外贸公司，选择产品和行业之前可以多跟资深外贸人沟通交流，或者是你的导师、你从事外贸业务的亲戚朋友，记得笔者的建议，好的细分行业最为关键。

对于去外贸公司还是去工厂，笔者的建议是去工厂。如果你刚刚从大学毕业想要熟悉产品、流程，最好跟着老外贸业务员做跟单，这些都是做好外贸的基础，基础越扎实，你未来的职业发展越好。这个阶段大概需要六个月到一年时间。

3. 熟悉外贸的整套流程，夯实外贸基础

如果你要成为一个成功的外贸业务员，你应该熟悉整个外贸流程，包括报价、订货、付款、包装、通关手续及备货装运等。经历两年这样的职业训练后，你基本上可以成为独立的外贸人。

4. 外贸职场的“美好期”

这应该是外贸业务员最幸福的时期，这时候业务员客户稳定、供应商资源稳定、市场稳定，而且随着客户资源的积累，业务员的收入也越来越高，像在浙江宁波这样的城市成熟的外贸业务员的年收入一般是 20 万元人民币。如果你业务量大，行业利润高，收入也许会更高。

5. 外贸职业的“瓶颈期”

关于外贸职业的瓶颈期，这是外贸行业普遍存在的问题，外贸瓶颈期的表现一般是业绩停滞、行业发展受阻甚至是遭遇毁灭性的打击，业务员的职业陷入困境，收入大幅度下降，客户流失，跟老板关系紧张，心态上对于前途比较迷茫，开始自我怀疑，情绪消极。

6. 外贸职业的“破冰期”

如果不能及时突破职业瓶颈，很多外贸人的职业之路会中止。对于如何突破外贸职业的发展困境，笔者的建议如下：

＊ 心态是第一位的。无论是新人还是老业务员，心态是第一位，好的心态在外贸逆境期更能体现出价值。

如果你现在的外贸业务遇到压力和逆境，你首先应该客观地承认目前传统外贸大形势不好。其次再客观分析一下自己的付出和业务能力，如果你已经用心了，也非常努力，不需要过分自责。

做外贸有顺其自然的心态很重要，很多事情船到桥头自然直，轻松的心态反而能让自己保持平静，外贸业务员应该善于调整自己的负面心态，多看一些正能量的书，多去参加一些外贸线下沙龙。

＊ 客观分析自己的行业和业务现状。外贸行业跌宕起伏，很多细分市场确实是日薄西山，比如传统的低端服装市场，因为劳动力成本持续上升，传统市场萎缩等原因，确实越来越不行了。如果你处于这样的劣势行业，你的日子自然会越来越难。

你还可以冷静客观地分析一下自己真实的业务状态、供应链状态，判断能否通过自己的努力突破瓶颈。

你也可以客观分析一下你公司的现状、你自己的业务能力，供应链的资源等，对比一下同行的发展水平，看看换一个公司会不会有更好的发展。

（二）外贸业务员的转型路径

如果外贸业务员遇到了职业发展的瓶颈，他的转型之路一般会有下面三条：

1. 管理路线（M 序列①）

这个外贸职业路径一般存在于规模以上的外贸公司、品牌企业。规模以上的外贸公司会引导资深外贸业务员向管理层发展，比如说带业务团队、管理业务小组、参与公司的制度管理等。

这样的外贸转型路线对于很多年纪比较大的外贸人来说是非常有价值的。从一线业务员到团队的管理者，你不再有非常大的业绩压力，更不需要每天拼命开拓市场，你的任务变成带团队、培训新人等，如果你带的团队业绩斐然，你的日子会很轻松，而且收入会更高。

---

① M 序列：M 为 Management 的缩写，M 序列意为管理岗，代表职业发展路径中的管理路线。

此外，成为外贸管理者你的职业风险会降低，职业发展会更稳定，同时综合自己多年的外贸经验，你可以参与管理，从事综合性的外贸工作，比如供应链资源整合、产品研发、市场开拓、公司战略制定等。

但是，选择管理类的转型路线的前提是你所在的外贸公司是一个规模以上的品牌外贸公司。现在很多外贸公司往往只有几个人或者十多人，一个萝卜一个坑，没有机会和资源培养你成为管理层。

2. 更专业的业务路线（P 序列①）

就像笔者刚刚说的，除非你是在一个规模化的品牌外贸企业，否则外贸业务员很难成为公司的管理者，因此对于大多数外贸业务员来说，选择更专业的业务之路，更切实可行。

如果你现有的产品遇到了问题，你可以开拓新的产品线，这个外贸公司不行，你可以换公司、换工作，外贸业务员是非常实际的岗位，永远靠业绩说话。

业务员可以通过持续地学习，不断地提升自己，通过电商平台和展会开拓新的客户和市场渠道。

传统的 B2B 行业不行了，你也可以选择跨境电商零售平台，如速卖通、亚马逊和 Wish 等。

对于坚持做一线业务员的人笔者还有几个建议，学会团队协作、专注一个领域和行业。

3. 选择外贸创业之路

很多外贸业务员职场发展不顺后会选择自己创业，对于外贸创业，笔者的建议是谨慎选择，因为如果你没有特别有优势的产品、供应链，丰富的资金储备和外贸经验，创业不是一个好的选择。

---

① P 序列，P 为 Professional 的缩写，P 序列意为技术岗，代表职业发展路径中的技术路线。

第五章　如何玩转主流跨境电商平台

第一节　如何选择平台及产品

一、如何选择适合自己的跨境电商平台

疫情下，线下展会取消，传统的获客渠道受阻，已经火了很多年的电商、跨境电商又被推到新的高度。

在政府宣传和平台推广下，许多传统外贸企业纷纷加入跨境电商平台，根据阿里巴巴国际站的官方统计，2020 年因为疫情，国际站新签企业的入驻率是 160%。传统外贸企业转型做跨境电商，如何选择跨境电商平台，各大主流的跨境电商平台的特征是什么，新人如何选择适合自己企业实际的跨境电商平台成为困扰许多企业的问题，下面笔者来为大家解惑。

（一）跨境电商平台概况

关于跨境电商，笔者在《跨境电商 3.0 时代》那本书中有过非常清楚的定义，所谓跨境电商就是数据贸易，跨境电商目前分为出口跨境电商和进口跨境电商，对于普通外贸企业来说，我们主要谈的还是出口跨境电商。

根据中国商务部的数据统计，到目前为止中国的跨境电商平台已经超过 5 000家，通过平台开展跨境电商业务的企业也超过了 25 万家，很多跨境电商企业在疫情下依然发展得非常迅猛。

（二）跨境电商平台的整体分类

为了让大家更全面地理解跨境电商平台的现状，笔者先来谈谈跨境电商的分类。

首先根据目标客户的不同笔者把跨境电商分为下面几个模式：

* B2B 模式，最具代表性的是阿里巴巴国际站、中国制造网、敦煌网、环球资源网等。阿里巴巴国际站稍后笔者会重点介绍，中国制造网因为做得非常精深，在中国出口企业中口碑和市场占有率一直非常不错，环球资源网目前发展的不是特别顺利，据说已经被收购。

* B2C 模式，B2C 模式的跨境电商很多传统外贸企业关注得比较少，因为很多 B2C 模式的跨境电商采用的是独立站或者自营模式。但是 B2C 的跨境电商在中国发展得比较好，最著名的包括兰亭集势、大龙网、米兰网等。

* 跨境 C2C 模式，这是目前传统出口企业接触最多的一个跨境电商模式，也是大家最热衷的跨境电商模式，主要的平台有亚马逊、Wish、速卖通等。

* 东南亚跨境电商，Lazada 和虾皮，东南亚电商平台这几年在中国发展得非常好，主要的原因是欧洲和美国的电商竞争已经进入白热化，而且门槛越来越高，东南亚市场距离中国比较近，物流成本相对便宜，最重要的是东南亚市场对中国的产品需求量大。

* 海外本土化的跨境电商，最著名的是美国的新蛋网，不过据说新蛋网已经倒闭，此外还有 Trade Me（新西兰），Flipkart（印度），Walmart（美国），Yandex（俄罗斯），Mercado Livre（巴西）等。本土化的跨境电商平台的优势在于它们针对特定的目标市场，具备非常强大的垂直优势。

二、主流出口跨境电商平台分析

（一）阿里巴巴国际站

关于出口跨境电商平台，笔者首推的还是阿里巴巴国际站，其实广大外贸出口企业对于阿里巴巴国际站非常熟悉，笔者下面要分享的是阿里巴巴国际站这几年数据贸易的变化，特别是2020年平台的变化。

2020年的阿里巴巴国际站已经从跨境电商1.0时代的信息黄页模式转型成为3.0时代的在线交易、在线匹配的数字化出海模式。目前阿里巴巴国际站已经成长为全球领先的一站式跨境电商交易平台，主要的模式是跨境B2B，未来会转变为跨境B2B2C模式。

阿里巴巴国际站主推两个模式，第一个是传统的定制模式，第二个是国际站开发的新业务叫作“ready to ship”（RTS）。我们详细描述一下阿里巴巴国际站的RTS模式，这是阿里巴巴国际站针对国际采购碎片化、在线化、移动端的特点推出的，该模式有点类似于1688的在线批发，在线下单，现货库存，订单可以在14天内完成。

比如我们最常见的美国市场，RTS模式下商品出仓后，可以在5~7天内到达美国客户手里，让买家感受到极致的跨境购物体验。阿里巴巴国际站RTS模式利用中欧班列运输货物，到欧洲的速度也非常快。

（二）亚马逊

美国的亚马逊电商平台，作为电子商务的鼻祖，在全球范围内，无论是流量还是平台的成熟性，都属于行业老大。目前亚马逊平台的流量占全球流量的一半还要多，而且亚马逊是欧洲和美国绝对主力的电商平台。

针对中国卖家的“亚马逊全球开店”计划从2014年到现在已经有7年了，我们总结一下亚马逊全球开店计划在中国的几个关键发展阶段。

1. 2013—2015年亚马逊的红利期

那时候谁做亚马逊谁赚钱，大部分靠亚马逊赚到大钱的人都是在这个红利期进入亚马逊的。当时的亚马逊，因为刚刚进入中国市场，卖家非常少，只要产品质量过关，订单就非常多。而且那个时期，亚马逊对于知识产权、账号、运营要求都比较低，这是亚马逊最好的时代。

2. 2016—2017年高速发展期

2016年到2017年中国的跨境电商行业进入了高速发展期，传统外贸生意疲软，跨境电商作为曾经的外贸出口补充模式慢慢体现出其优势，而且那时候亚马逊确实非常好做，政府宣传、平台推荐、企业积极参与，所以传统外贸企业纷纷涌入亚马逊跨境电商平台，亚马逊成为广大外贸从业人员最热衷和津津乐道的赚钱途径。亚马逊全球开店计划也在这个时期进入了顶峰。

3. 2018—2019 年平台整合期和淘汰期

2018—2019 年，很多做亚马逊的卖家发现亚马逊跨境电商平台越来越难做，原因很简单，中国卖家实在太多，价格竞争激烈，利润越来越薄。受刷单文化的影响，亚马逊的刷单、恶意差评、知识产权、专利等问题在平台集中爆发，并且中美贸易摩擦日益加剧。

所以，这段时间亚马逊平台的政策越来越严厉，平台查封店铺，没有运营优势和精细化运营能力的小卖家纷纷被淘汰。亚马逊的经营资源开始往那些具备资金优势、人才优势、资源优势、品牌优势的优质卖家倾斜。

4. 亚马逊发展趋势

截至目前，笔者依然认为亚马逊是做跨境电商应该重点考虑的平台之一，但是做亚马逊必须精细化、品牌化运营，并且具备一定的资金实力和电商运营经验，比如懂平台分析、选品分析，有供应链能力、建海外仓的能力，并且非常熟悉 FBA 发货模式，产品品质优秀。

Mr. Harris 的平台推荐建议

对于初创的外贸企业或者 SOHO 卖家，笔者建议选择亚马逊电商平台应该深思熟虑，亚马逊平台已经过了红利期，做亚马逊必须具备资源和运营能力。

（三）Wish

现在介绍一下 Wish 电商平台，其实 Wish 在广大中小卖家中应用率非常高，Wish 就是靠中国卖家成长起来的。

Wish 的领先之处就是一推出就采用移动端模式，利用手机 App 购物，而且 Wish 采用千人千面的推送模式。

早期 Wish 的平台门槛低，吸引了大量中间卖家去做大市场，Wish 早期也有过红利期，笔者身边很多朋友跨境电商创业都是通过 Wish 赚到大钱。

Wish 的特征非常明显，我们在淘宝买东西都是输入关键词，速卖通、阿里巴巴国际站也是采用这样的关键词模式，但是 Wish 平台创造了自己的推送机制和数据算法，比如说根据买家的浏览习惯，推送几个买家会感兴趣的产品供其选择，这样可以最大限度地促进销售。

还有 Wish 相对于亚马逊等电商平台，入驻价格不高，而且客户定位是年轻人，产品特征是新奇。

Mr. Harris 的平台推荐建议

目前来说，Wish 平台依然是跨境电商新手可以重点考虑入驻的平台之一，理由是相对于阿里巴巴国际站和亚马逊，Wish 更符合新人和小微创业者。

（四）eBay

eBay 也是非常适合跨境电商新人创业的电商平台，对于中国小微卖家来说，做 eBay 最大的优势是 eBay 有专业的客户服务，无论你是开店铺还是遇到纠纷，你都可以通过打电话的方式跟 eBay 官方沟通，这大大地方便了中小微卖家开店。

然后，相对于亚马逊和阿里巴巴国际站，eBay 的开店门槛更低，更适合中小微企业。eBay 最早是通过拍卖起家的，所以 eBay 的定价模式在所有跨境电商平台中最丰富，包括无低价竞标、有底价竞标、一口价等。

对于小微卖家来说，如果你选择 eBay 开店创业，首先你应该具备一定的英文优势，因为 eBay 的后台界面文字是英文，其次 eBay 的收款模式是 PayPal（贝宝），所以你做 eBay 之前要了解和学会 PayPal 的收款模式。PayPal 的负面新闻很多，比如扣押资金、因为知识产权封账号等，这些都是新人卖家应该注意的问题。

还有一个广大中小卖家关心的问题，就是 eBay 店铺的收费，目前 eBay 美国站的收费项目第一就是月租费用，大概的成本投入是普通店铺十六美元一个月。第二是刊登费用，产品标价不同刊登费用不同，从 0.1 ~2 美元不等。第三就是成交费用，成交提成根据产品和品类大概是 6% ~14% 不等。第四是 PayPal 的手续费，作为 eBay 的唯一收款工具，PayPal 收美元会收取一定的手续费用，根据收款金额不同，手续费不同，小微卖家可以先了解清楚收费比例。

Mr. Harris 的平台推荐建议

eBay 平台比较适合外贸新人或者小微创业者，而且英国是一个非常成熟的目标市场，eBay 的定价也比较稳定，如果产品品质好，新人可以在短时间内赚到钱。

（五）阿里巴巴速卖通

阿里巴巴速卖通作为阿里系的平台发展得非常迅猛，速卖通已经转型成为一个跨境 B2C 电商平台，目前是中国最大的跨境电商出口平台之一，速卖通的核心目标市场是俄罗斯、巴西、西班牙。目前它在这三大主流目标市场的占有率都是排名第一。

速卖通的发展经历了几个阶段：2010 年到 2014 年，这段时期是跨境电商的红利期，很多做速卖通的卖家发了财，2015 年到 2016 年，马太效应出现，优质卖家胜出，2017 年平台转型，跨境电商 B2C 类目年费增加，粗放型卖家退场，2018 年到 2019 年，品牌化趋势明显，2020 年移动端流量成为主流，平台更注重品牌、优质的产品和供应链，以及运营。

目前平台越来越规范，对企业商家和个体商家入驻无门槛。阿里巴巴速卖通平台非常合适外贸 SOHO，首先阿里系的平台是中国广大创业者接触最多的平台，后台操作简单，中文页面，运营逻辑、推广逻辑都跟淘宝非常类似，而且速卖通后台的培训非常详细，目前畅销的品类包括服装、美容产品、珠宝、消费品、灯具、手机、工艺品等。

Mr. Harris 的平台推荐建议

做好速卖通平台也需要精细化运营，随着疫情的持续会有更多的卖家进入速卖通跨境电商平台，2020 年速卖通的招商目标是超过 2 万家中小卖家，500 个知名品牌。

（六）Lazada 和 Shopee

这几年东南亚市场快速崛起，受到很多小微跨境电商创业者的青睐，特别是阿里巴巴收购 Lazada 以后，东南亚电商迎来了高速发展。

做东南亚电商的好处非常明显，目前欧洲和美国市场越来越饱和，当前也因为疫情暂时陷入困境，但是东南亚市场物流便宜，对中国的产品需求旺盛，特别适合轻工产品。

1. Lazada

Lazada 2012 年成立于新加坡，覆盖的市场包括印度尼西亚、马来西亚、菲律宾、新加坡、泰国、越南。Lazada 目前的定位是高端，引导卖家突出自己的品牌价值和产品的专业度。物流的时效是 10 天，目前有普通商铺、自有商标、优质商户、品牌企业店铺，放款周期大概是 10 天。

2. Shopee

Shopee 目前也非常火，母公司是东南亚的 SEA。Shopee 的目标市场包括东南亚六国、巴西和中国台湾地区，服务人群超过 8 亿，流量非常大。Shopee 类似于早期的淘宝，入驻门槛非常低，很多卖家通过 Shopee 也赚到了钱。目前 Shopee 的店铺卖家大概有 23 万家，大部分都是中国卖家，平台佣金也非常低。Shopee 店铺分成三类，按照店铺考评数据分为普通店、优选店、商城店。产品以生活类、时尚类、电子类为主。

Mr. Harris 的平台推荐建议

目前东南亚市场非常火爆，具有前景，平台都处于红利期，门槛低、收费便宜，非常适合小微创业者，产品品类建议选轻工，物流成本非常低。

三、“宅”经济爆款品类分析和数据选品策略

（一）任何一次危机都暗藏机遇，“宅经济”就是最大的商机

疫情下，线下实体店纷纷关门，大家宅在家里，但是市场的需求依然存在，只不过需求从线下转换到线上，从户外转成室内。各大主流的跨境电商平台的销售数据持续暴涨，中国的外贸出口进入了“冰火两重天”的境地，在很多户外非日用消费品出口企业停业和倒闭的同时，在线销售符合“宅”经济需求的产品的跨境电商创业者迎来了红利期。

笔者的公司是一家有着 25 年历史的家族企业，目前生产制造“宠物家

具”“DIY 木制船模型礼品玩具”，疫情发生以后，和很多传统制造业老板想象的不一样的是，我们两大品类的产品在各大跨境电商平台热销。

国内疫情期间，纵横四海的 DIY 木制船模型礼品玩具在内贸市场的销量也持续增长。因为疫情期间大家在家无事可做，所以安安静静做一个 DIY 船模型，体验动手的乐趣，成为很多人的新爱好，所以开年后 DIY 船模型一直卖得很好。

纵横四海的宠物家具，在海外也持续热销，我们销售团队深度分析了原因：

* 宠物系列产品在海外市场是刚需，而且这几年市场增长趋势显著。

* 欧洲和美国有专门的“宠物”立法保障宠物的权利和福利。

* 疫情下，大家宅在家里，人和宠物的关系更近、更亲密了，所以宠物产品卖得更好。

* 各大跨境电商平台都在主推宠物产品，比如亚马逊的封仓事件中，宠物产品就难得的在“白名单”行列。

纵横四海作为一家普通的外贸企业，在疫情期间生意持续火爆的原因是我们具有数据运营能力，通过数据分析，我们选择了符合“宅经济”需求的产品。

（二）目前销售火爆的宅经济品类

1. 室内健身器材

这是笔者在电商平台看到的增长率最高的产品品类之一，疫情下，这类产品的销售不仅没有受到任何影响，反而销量暴涨，比如说瑜伽垫，增长率超过了 200%，然后就是跑步机、哑铃、拉力带。理由也非常简单，疫情下，大家都宅在家里，无事可干，运动健身频率更高，所以这类产品销售更好。

2. 宠物系列产品

宠物产品为什么卖得这么好，笔者在上面已经写过了，疫情下，宠物给予人们精神陪伴和安抚。大家对于宠物的关爱自然更多，不仅仅宠物家具卖得好，宠物食品、宠物玩具、宠物洗护用品、宠物美容产品，甚至是宠物的运动器械都卖得非常好。

3. 室内生活和室内娱乐产品

疫情下，很多消费者都开始精进厨艺，所以厨房用品卖得非常火爆，比如咖啡机、面包机、面条机、空气炸锅。此外，还有娱乐类产品，比如棋类产品等。

4. 电脑类、电子娱乐类产品

宅在家里，无事可干，上网自然成为非常好的娱乐选择，所以疫情下，电子娱乐类、电脑类产品销售火爆，比如网络摄像头、电子游戏手柄、数据线等，网络摄像头在亚马逊的销售增量是180%。其次，一些软件服务，互联网游戏也卖得非常好。

5. 家具、园艺产品

疫情下，大部分消费者，拥有了更多的空余时间，海外许多家庭都有庭院和花园，修理庭院、整理花园，不仅仅可以消磨时间还可以增加家庭乐趣，所以亚马逊平台园艺工具销售得非常好。此外，家具也销售火爆。

6. 成人用品

疫情期间成人用品的跨境零售数据持续暴涨。

（三）各大主流跨境电商平台的宅经济爆款产品

现在来聊一个大家都感兴趣的话题，疫情下，各大跨境电商平台的宅经济爆款是什么。笔者调研了各大跨境电商平台的数据，给大家简单做一个总结和分类。

1. 亚马逊跨境电商平台的宅经济品类

亚马逊平台大家选择的更多的还是亚马逊美国，所以产品的品类主要符合美国人的消费需求，亚马逊美国市场目前热销的宅经济产品主要包括在家办公、学习用品，例如电子产品、路由器、支架、电脑桌、办公椅子。美国家庭特别重视陪伴孩子，所以教育类产品也卖得非常好，如积木、拼图等。美国宠物市场销售的爆品主要集中在宠物毛发修剪和美容产品，估计是美国人对于宠物的形象要求比较高的原因，具体包括宠物梳毛器、宠物剪刀、宠物剃毛器、宠物指甲修剪器。家居产品最受美国市场欢迎的是内衣和睡衣。

2. Wish 跨境电商平台的宅经济品类

Wish 的目标市场也是美国，但是 Wish 从一开始就是一个移动端平台，Wish 的消费群体年龄层次更低、更小，所以 Wish 平台的宅经济产品跟亚马逊不一样。

疫情期间 Wish 平台中卖得最好的产品是居家办公产品，包括辅助办公、蓝牙设备、接触数据线等更符合年轻人消费习惯的产品。其次是厨房用品，包括三明治机、切面机。再次是娱乐类产品，包括纸牌、桌游玩具、拼图、DIY 积木和绘画。最后是健身类的产品，包括瑜伽垫、瑜伽裤、健身弹力带等。

3. eBay 跨境电商平台的宅经济品类

eBay 也是大家选择比较多的跨境电商创业平台，eBay 销售火爆的宅经济品类包括互联网摄像头、电脑屏幕、支架、无线移动设备和路由器。美容产品包括染发剂、美甲和护发器。玩具包括乒乓球、棋类游戏、玩具模型等。DIY 产品包括家庭酿酒器、蜡烛制作器、DIY 手工玩具等。健身设备包括力量训练器、瑜伽垫、有氧运动器材。

4. 东南亚电商平台的宅经济品类

东南亚是笔者非常推崇的新兴市场，疫情下，东南亚市场的表现非常好。

目前，在东南亚电商平台卖得比较好的首先是服装类产品，比如儿童服装、女包、男包；其次就是办公设备，音箱、手机配件、相机、打印机；再次是厨房产品、清洁产品、收纳产品；最后是比较轻的健身器材。

5. 阿里巴巴国际站的宅经济品类

阿里巴巴国际站的宅经济品类主要包括居家办公、室内健身、自制餐食、宠物陪伴、家庭清洁等五大品类。疫情下在家办公成为主流的工作模式，所以居家办公的产品卖得非常好，比如 WiFi 设备、办公家具的销售额增长了 300%。健身设备也是宅经济的核心品类，阿里巴巴国际站的健身设备的特征是简单、轻便、可移动，卖得非常好。阿里巴巴国际站自制餐食品类中比较畅销的是厨房家具和厨房小家电。宠物陪伴类中猫砂的销售量增加 125%，狗粮的销售量增加 159%。家庭清洁品类中家庭清洁、装饰收纳、和园艺维修相关的产品销量较好。

大家可以根据不同跨境电商平台和目标客户的消费特征选择不同的宅经济品类。

（四）疫情结束后，宅经济会烟消云散吗

这也是大家非常关注的点，有些人看到部分宅经济产品销售火爆，就打

算投资开工厂，但是投入之前有这样的疑问，等疫情结束以后，这些宅经济的品类还能畅销吗？笔者的答案是能。宅经济只会越来越火爆，越来越持久。理由是，随着5G时代的到来，我们会更依赖手机和互联网，会越来越宅，通过互联网把衣食住行需求全部解决。

其次，疫情下，大家养成了在线消费的习惯，等疫情结束后这样的习惯还会持续存在。

最后一个原因是无论是国内还是国外市场，大家的工作压力越来越大，压力大的情况下，宅生活会更加普遍。日本甚至还提出了一个宅社会的概念，在这样的时代背景下，宅经济会越来越成为主流，所以宅经济会一直火爆。

（五）抓住宅经济的关键点

宅经济除了要关注品类选择，还应该注意销售特征。首先，你在互联网渠道必须有优势，其次，你要选择好的物流渠道，最佳的物流渠道应该是专线物流+海外仓物流，通过海外仓可以把爆款产品的客户体验做到最好。最后，宅经济的产品设计应该注意轻便、体积小、可以移动，因为轻、小、可移动的产品适合跨境物流，更适合宅在家里的消费者使用。

四、阿里巴巴国际站“春雷”计划

2009年春天，全球经济危机，为了帮助困境中的中小外贸企业，阿里巴巴首次推出了“春雷计划”。11年后的今天，面对疫情，阿里巴巴再次启动中小企业特别行动“2020年春雷计划”。阿里巴巴国际站充分利用20多年的数据沉淀，通过进一步升级数据工具和服务能力，帮助中国外贸企业线上获客，突破困境。

（一）2020年“春雷计划”的亮点

1. 通过数据匹配帮助商家获取更多流量

虽然疫情导致海外市场线下渠道受阻，但是包括阿里巴巴国际站在内的线上渠道销售数据暴涨，就拿阿里巴巴国际站三月新贸节的数据来看。交易总额同比增长167%，订单数同比增长114%。所以，阿里巴巴国际站的商机依然非常大。2020 年“春雷计划”会通过数据匹配的方式帮商家获取更多流量、商机。

2. 帮助中小外贸企业解决国际物流痛点

目前疫情仍然持续存在，很多国家都封城，航空线路取消，广大外贸企业面临的最大危机应该是国际物流运力不足。阿里巴巴国际站充分利用阿里经济体的物流体系，跟各大物流、快递公司合作预留仓位，同时提供分层场景、物流补贴等服务，从国际物流方面帮助中小外贸企业解决物流难题。

3. 为入驻新人提供流量和资金帮扶

很多传统外贸企业老板问笔者，2020 年入驻阿里巴巴国际站是不是还能享受红利？笔者认为还有机会，理由是2020 年线下渠道受阻，但是线上的需求在爆发。根据阿里巴巴的官方统计，目前入驻阿里巴巴国际站的商家数量环比增长 194%。

面对大量涌入的新人，阿里巴巴国际站的“春雷计划”也制定了一些非常贴心的帮扶政策。

比如说新商家入驻，阿里巴巴国际站会提供流量扶持、上亿利率优惠的银行贷款和金融服务，以及外贸培训支持等。

（二）外贸商家如何充分运用阿里巴巴国际站“春雷计划”的红利

1. 阿里巴巴国际站的商机

对于广大外贸企业来说，最大的问题是获客和订单，疫情下线下的订单纷纷取消，但是阿里巴巴国际站 RTS 模式的订单需求依然非常多。所以，做好国际站的关键点是引流。2020 年阿里巴巴国际站官方流量扶持计划是凡是 2020 年 4 月 20 日到 2020 年 9 月 30 日期间签约国际站且款项到账的商家，国际站将提供为期两个月的流量起步扶持计划。第一个月是“新客流量扶持”，第二个月是“主题搜流量加持”。

这个扶持政策大大降低了商家的运营门槛和难度，电商运营的核心就是获得流量，流量有了，加上有竞争力的价格和后期的在线服务，生意会变得非常简单。对于很多刚刚入驻阿里巴巴国际站的外贸新人，他们最大的问题，也是需要投入最多成本的就是流量的获取，所以国际站的红利非常好地解决了这个问题。

2. 阿里巴巴国际站外贸直通车

要获取流量，可以利用外贸直通车，但是直通车的运营有非常高的门槛。对于很多外贸新人来说，如何花更少的钱，获得更好的效果是困惑大家的主要问题。

2020 年的“春雷计划”给商家提供了一揽子的解决方案，包括发品、建站、获客和转换。根据新加入国际站商家充值的直通车方案，国际站数字化广告营销产品将联合第三方服务商为商家提供优质产品发布和旺铺装修和 60 ~ 120 天的系统托管投放（智能拓词、智能选流、智能出价）服务。

在最终效果保障上，通过“搜索 + 推荐”双擎营销全范围覆盖流量，打造营销闭环。

这样可以让一些新入驻国际站的客户，更专注于生产，专注于产品价格、产品质量，这对于广大外贸商家来说确实是一个难得的红利。

（三）关于 2020 年全球线上展会

阿里巴巴国际站在 2020 年 5 月 11 日正式推出全球线上展会，聚焦“供给需求对接”“行业趋势资讯”“社交圈层打造”三个核心内容。

1. 供给需求对接

阿里巴巴国际站有 20 多年的数据沉淀，可以精准匹配海外客户和商家的买卖需求。

2. 行业趋势资讯

阿里巴巴国际站对接的网站，拥有丰富的外贸行情资讯。

3. 社交圈层打造

阿里巴巴的在线展会通过数据匹配，打造社交圈层，帮助外贸企业获取更大的商机。

国际站的红利是商家可以享受不同的权益：出口通会员将享有线上展会门票 1 张（含 1 场垂直行业展会或综合展会），金品诚企会员则将享有线上展会门票 3 张（含 1 场垂直行业展会和 2 场综合展会）。

笔者相信通过这样的在线展会，再结合阿里巴巴的在线数据，中小企业会有更多获取商机的机会。

（四）关于跨境供应链能力

目前疫情仍在持续，中国的外贸企业正在经历艰难的时期，除了外贸需求下降，其供应链也受到重大影响。阿里巴巴国际站依靠阿里巴巴经济体的资源，以大数据、云计算及 SaaS（Software－as－a－Service，通过网络提供软件服务）为基础，优化和提升供应链。

目前阿里巴巴国际站的数据化供应链包括数据化的客户匹配、阿里巴巴国际站的信保服务、阿里金融、阿里巴巴菜鸟国际物流体系、阿里巴巴一达通外贸综合服务等。

（五）疫情下企业的现金流是命脉

疫情下，已经有部分外贸企业因为客户取消订单，导致企业关闭、工厂停工，对于危机之中的外贸企业来说，现金流和资金链变得极为重要，而数据金融解决了企业融资和现金流问题。

阿里巴巴国际站有丰富多样的金融产品，包括超级信用证、Pay It、阿里巴巴赊销服务、无忧赊等。

通过这些金融服务，外贸企业可以非常便捷地解决企业的现金流问题。国际站 2020 年的“春雷计划”也提供了很多优惠。

（六）传统外贸企业转型跨境电商的爆发之年

2020 年大量传统外贸企业转型做跨境电商，针对这些跨境电商新企业的“春雷计划”有很多政策红利。

比如对于 2020 年新入驻的商家，提供一系列的快速建站服务、出口通和金品会员的数据化营销服务等。阿里巴巴国际站的“春雷计划”中也专门推出了针对新人的入驻计划，包括认证入驻、建站发品、交易获取、交易开单、星级冲入、星级提升等六个方面，为商家提供成长指引。

当前的危机之下，广大外贸企业最重要的事情就是正确把握趋势，目前中国在大力推广跨境电商，对于外贸企业来说无论是流量、平台费用还是政策福利都处于优惠期。

广大外贸企业应该提高数据运营能力，融入外贸生态圈，通过学习、蜕变和成长，走出一条属于自己的跨境电商创业之路。

第二节　跨境电商平台及客户需求趋势分析

一、疫情影响下海外消费者的行为变化

当前，随着海外消费者习惯在线采购模式，消费模式也会发生一些改变。

（一）消费者行为的变化

目前疫情依然持续存在，为了保障自身的健康，很多海外消费者都宅在家里自我隔离，所以在线消费和在线采购需求持续上升。

影响消费者采购行为的核心因素主要有：消费心理、社会因素、消费文化和个体因素。

疫情对消费者的消费心理影响最大，长时间宅在家里的消费者会有孤独感、不安感和焦虑感。所以宅在家的海外消费者会通过在线购物满足特定时期的心理和消费需求。目前美国在线销售增量明显的宅经济品类包括电子产品、宠物玩具、DIY 系列产品、食品饮料、健康安全防护产品等。

这些宅经济品类的火爆跟特殊时期下海外消费者安全、陪伴、健康、电子娱乐、在线社交的需求相匹配。

（二）新的传播场景

如果说 2020 年最火的销售模式是什么？答案一定是短视频营销和网红直播，国内国外都是一样，目前疫情依然持续存在，宅在家里的海外消费者，通过短视频消磨时光。直播的模式，最容易带动消费者购买。所以直播带货成了经济增长的突破点。

目前，各大跨境电商平台都在主推网红直播模式，比如亚马逊直播、阿里巴巴 B2B 国际站直播。

目前 VR（Virtual Reality，虚拟现实），AR（Augmented Reality，增强

现实），MR（Magic Leap，混合现实）技术已经比较成熟了，通过视频、网红直播采购下单这样的习惯会慢慢形成，再加上这些技术的成熟，消费者可以在线体验产品，对于视频直播消费场景的依赖程度一定会越来越高。

（三）消费者注重品牌和用户体验

疫情期间宅在家里的消费者，通过在线方式采购产品，因为特殊时期的心理因素，他们会更注重客户体验，比如到货体验、产品体验，并且注重产品的品牌和品质。那些给消费者带来优质客户体验的品牌会根深蒂固地印在消费者心理，最终成为被长期选择的品牌和产品。

笔者用一个真实案例来说明。笔者所在的社群有一个在速卖通平台做宠物用品的卖家，主要做意大利市场，他在入驻速卖通的时候就注册了自己的海外品牌，疫情爆发后，意大利的物流出了很大的问题，特别是最后一公里的物流配送，这个卖家通过阿里巴巴速卖通的菜鸟物流体系，帮助客户解决了物流痛点，给客户带来了非常好的体验，近期店铺里意大利的订单量持续上升。

（四）对 Google 等在线搜索引擎的依赖度增加，独立站兴起

疫情加大了海外消费者对在线搜索引擎的依赖程度，疫情期间消费者宅在家，任何事情都问 Google。目前，Google 是海外消费者搜索的主要入口和途径。

海外消费者，对于 Google 搜索引擎的依赖程度与我们依赖微博微信的程度类似，疫情期间宅在家加剧了消费者对 Google 的依赖。当前，海外消费者对 Google 搜索的依赖度会继续增加，所以，我们应该加大 Google 的推广投入。

另外一个趋势就是独立站兴起，通过 Google 这样的搜索引擎来推广引流会变成趋势。

（五）支付新需求

在疫情之前大部分的海外消费者选择信用卡和现金付款，移动支付和在线支付并没有像中国这样流行。

疫情培养了海外客户的在线支付习惯，所以在线支付工具是当前我们做电商需要重点关注的。

目前，跨境电商平台已经有非常多的支付工具，比如 PayPal、阿里巴巴国际站的国际版支付宝等。后期针对不同的场景和不同的目标市场，会出现越来越多的支付工具。

（六）意见领袖对于消费者的影响越来越大

其实对于传统的营销模式，消费者已经感觉到疲态，网红等意见领袖的观点对消费者的影响越来越大，对于广大跨境电商卖家来说，应该尽快地建立自己的互联网舆论和意见领袖传播渠道，参与意见领袖的直播、社交媒体舆论的引导等。

（七）特定商品的销售趋势

疫情持续存在的情况下，全球的消费者在线购买的产品品类发生了很大的变化，虽然同是采购宅经济品类，但是各国因为文化和消费心理的差异也出现了不同的采购行为。

比如说美国消费者大量购买医用防护产品，澳大利亚消费者热衷于囤积厕纸，日本消费者抢购大蒜和蜂蜜。

受疫情影响海外消费者也开始囤积食品，本来在欧洲和美国市场，豆制品、大米、奶粉、罐头等产品销量平平，但是疫情下这些产品的销售数据激增。

口罩、消毒液、消毒纸巾等产品本来是非常冷门的产品，但是因为疫情，它们都成了热门产品。笔者认为这些产品在疫情结束后还会持续热销，因为经历疫情，大家对健康的关注度更高，所以这类产品的销售会很好。

（八）企业采购需求更旺盛

像亚马逊、eBay、Wish、速卖通这样的跨境零售平台，核心的消费者是零售客户，但是疫情下，很多企业买家也通过零售平台采购产品，比如清洁用品、劳保防护用品，这也是广大卖家开拓市场的最佳机会。

二、当前各大跨境电商平台的政策趋势

疫情下中国的外贸行业进入了生死之年，整个行业陷入困境，但是已经在中国发展多年的跨境电商，特别是出口跨境电商在2020年迎来了高速发展之年。

未来，在跨境电商领域创业应该如何选择跨境电商平台，各大跨境电商平台的发展趋势是什么，疫情对平台的政策制定带来了什么影响呢？

（一）各大跨境电商平台的趋势

* 目前对于广大外贸出口企业来说可以选择的平台比较多，跨境B2B模式最典型的平台代表有阿里巴巴国际站、中国制造网；跨境B2C模式的代表性平台有亚马逊、速卖通等；还有C2C模式，比如很多中国卖家在eBay上就是选择C2C模式。其他延伸的模式包括，F2B（Factory to Business，工厂对企业），F2C（Factory to Customer，工厂对消费者）和C2F（Customer to Factory，消费者对工厂）等模式。

* 未来跨境电商平台的趋势是B2（小B）或B2C，在移动互联网时代，B端和C端的界限变得越来越模糊，订单的碎片化成为趋势。

* 根据网经社的数据统计，2020年中国境内已经有超过5 000家跨境电商平台企业，通过这些跨境电商平台开拓业务的外贸企业超过25万家。

* 2020年各大跨境电商平台品牌化趋势明显，特别是疫情下，品牌的权重越来越大，所以2020年亚马逊、速卖通、Wish等电商平台都倡导外贸出口企业做品牌。

* 平台更重视卖家的专业能力，2020年各大跨境电商平台更注重卖家的精细化运营，鼓励卖家做精做专。跨境电商行业已经放弃了靠廉价优势出口的粗放式发展模式，对于企业的专业度要求更高。

* 平台规则越来越严格，目前各大跨境电商平台的规则越来越严格，除了强调卖家的专业能力，在知识产权、产品品质、外观专利、履约能力方面的要求也更高，那些非专业卖家会逐渐被淘汰，只有真正合规、专业、用心的卖家才可以生存和发展。

＊ 碎片化趋势倒推供应链变化，这点主要针对采用跨境电商 B2B 模式的卖家。2020 年很多传统外贸企业选择在阿里巴巴国际站这样的电商平台转型做跨境电商，很多外贸企业发现，阿里巴巴国际站的订单额度非常小、非常散，这对于一些长期做传统外贸的企业来说难以适应，但是这是时代的趋势。随着疫情的发展，各大跨境电商平台订单的碎片化趋势会更明显。

＊ 宅经济品类在 2020 年销售火爆，成为各大跨境电商平台主推的品类，所以 2020 年大家想做好跨境电商就应该关注销售火爆的宅经济品类。

＊ 本地化经营成为电商平台的趋势，疫情下，海外仓和目的国本土化经营变成必需，比如我们纵横四海公司，通过在美国的海外仓和本土团队的操作，生意非常好。

＊ 新兴市场是重点，2020 年欧洲和美国的跨境电商平台部分品类陷入销售困境，比如户外的非日用消费品品类，但是东南亚的电商平台发展迅速。目前虾皮和 Lazada 等跨境电商平台还在红利期，开店门槛低、收费低，各大新兴市场的跨境电商平台针对疫情也有非常多的优惠政策。

（二）疫情影响下电商平台的选品趋势

选品影响着广大卖家的经营，平台的选品趋势肯定跟疫情相关联，笔者的观点如下：

＊ 欧洲跨境电商平台的选品主要以防疫产品为主，室内基础消费品和室内家庭娱乐产品会比较受欢迎。欧洲的各大跨境电商平台会在流量、趋势、政策上引导企业选择这些品类。

＊ 美国跨境电商平台的政策也会倾向于基础消费品和家庭娱乐产品，非室内的日用消费品销量会大大减少。

（三）四大主流跨境电商平台的趋势

目前选择跨境电商平台，还是以主流的四大跨境电商平台，亚马逊、eBay、Wish 和速卖通为主，接下来我们就详细描述一下四大主流跨境电商平台的趋势。

1. 亚马逊跨境电商平台

亚马逊跨境电商平台是跨境电商平台的老大，疫情下，亚马逊的流量数据增长了148%，所以亚马逊跨境电商平台依然是企业的首选。做亚马逊店铺的核心点是两个：产品和流量，下面笔者就从产品和流量两方面来分析亚马逊平台的政策趋势。

* 目前亚马逊已经进入了平稳增长期，中国卖家的竞争已经非常激烈，平台政策倾向于那些优质的有实力的供应商。亚马逊A9搜索广告更注重移动端和千人千面模式，关注卖家对于广告的投入。

* 视频网络营销成为重点，疫情下，短视频和网红营销快速崛起，亚马逊已经给符合条件的卖家开通了视频直播。建立品牌、网红直播成为亚马逊平台增加流量的新模式。

* 亚马逊获得流量的方式会更加多元化，除了通过关键词、上活动做测评获取流量，还有粉丝营销和直播等方式。

* 关于供应链和产品，亚马逊会更加注重品牌和企业管理供应链的能力，强调品牌化趋势，会继续保持给品牌卖家提供特权服务，增加亚马逊VIP付费服务、智能广告、PRIME DEAL促销等权利以扶持品牌卖家，对于那些头部跨境电商卖家，流量和特权扶持力度会更大。

2. 速卖通跨境电商平台

速卖通一直是笔者非常看好的跨境电商平台，也是阿里巴巴寄予厚望的电商平台。目前速卖通在新兴市场的占有率非常高，2020年阿里巴巴速卖通结合阿里巴巴集团的春雷计划，推出了一系列政策帮扶困境中的外贸企业。未来阿里巴巴速卖通的核心政策变化趋势有下面几点：

* 年费修改成为保证金，这是阿里巴巴春雷计划的一部分，把年费修改成为保证金，门槛大大降低，所以未来速卖通平台的竞争会更激烈，会淘汰一部分运营不好的卖家。

* 平台对于知识产权的考核会加大，2020年新增的考核机制会给市场带来冲击，所以未来无论对于速卖通新手卖家还是老卖家来说都是机遇和危机共存。

* 速卖通对于店铺权重的考核会增加，所以，速卖通店铺的精细化运营是核心，走精品化道路，才是做好速卖通店铺的必胜之道，那些粗放式运营的卖家会逐渐被淘汰。

* 速卖通平台对于口罩的政策是大家最关心的问题，速卖通官方对于口罩的售卖条件是医用口罩店铺要有二类医疗器械经营备案和医疗器械注册证，

厂家有医疗器械生产许可证。普通口罩只要开通个人保健护理品类即可发布。

所有要卖口罩的创业者，必须在健康保健大类目下开店铺，并且不能跨大类经营。

3. Wish 跨境电商平台

首先，还是来简单介绍一下 Wish 跨境电商平台，Wish 的核心市场在北美，是一个完全基于移动端的跨境电商平台。

消费者通过购物 App 浏览和购买第三方卖家的商品，Wish 后台操作、上传产品、运费设置等相对于亚马逊来说更适合新人。

目前 Wish 的注册客户超过 3 亿，大部分集中在北美，疫情持下 Wish 的流量数据持续爆发。Wish 的一次性注册费是 2 000 美元左右，平台收取 15% 的订单提成，但是没有订阅费和 Listing（链接）费用。

Wish 平台是根据买家的购物习惯，将两个经常一起买的产品放在一起，所以卖家要多关注平台是不是抓取自己的产品。未来，Wish 的运营会继续弱化关键词，注重标签。

跟各大跨境电商平台一样，Wish 也引导大家去做精品化和精细化运营，所以根据 Wish 的算法如果你出了一单，退款率不高，客户满意度高，就很容易出第二单、第三单，最终形成稳定的订单量，这也是为什么说 Wish 电商平台非常适合新人卖家的原因。

Wish 的大部分消费者是美国的年轻人，他们喜欢新奇的商品，价格 100 美元以下最佳，所以 Wish 平台非常适合跨境电商新人入驻。

做好 Wish 的关键点在于产品类目、属性尽量错开，抢占不同关键词，打造同一属性的爆款产品，做好产品布局。

4. eBay 跨境电商平台

根据笔者的统计，2020 年虽然疫情导致许多行业的产品滞销，但是电子设备配件在 eBay 上畅销，那么你在 eBay 上卖什么样的电子设备最畅销呢？根据 eBay 的平台数据统计，无线耳机、数据线和充电器等产品卖得最好，理由也非常简单，疫情下，宅在家里的消费者，需要上网娱乐。

其次就是室内运动产品在 eBay 上卖得非常好，比如瑜伽垫、紧身裤等。

eBay 上的婴儿用品也卖得很好，比如说婴儿监控器、婴儿指甲修剪器等，疫情下，宅在家里的消费者有更多的时间关注自己的宝宝，所以婴儿产品需求量增长。

然后就是宠物产品，比如宠物食品、宠物玩具、宠物家具等。宠物产品在各大跨境电商平台都卖得非常好。

eBay 上的防护医用产品，比如口罩、防护服等销量也很不错，但是许多国家对这类产品进行管控，平台的规则也发生了变化，门槛变高了。

eBay 还有一个特色产品就是手工艺品。

未来做好 eBay 的核心还是选品，做一些顺应平台发展趋势和外贸环境的优质产品。关于 eBay 的畅销产品，大家可以通过 explore. ebay. com 了解。

（四）其他跨境电商平台的趋势

除了上面介绍的四大主流跨境电商平台外，其他跨境电商平台也非常火，特别是疫情下，主流跨境电商平台对于防疫产品的销售门槛提高，很多做防疫用品的卖家纷纷转战其他平台寻找出路。下面简单介绍一下，其他跨境电商平台的发展趋势。

* Walmart. com。这是美国沃尔玛的跨境电商平台，这个平台很多跨境电商卖家没有关注，但是它是一个非常好的平台。它相对于亚马逊等平台，对于出口产品的限制很少，但是入驻非常麻烦，需求有人邀请或者到美国本土入驻，并且审核时间长。

* Newegg. com。新蛋网也是一个老牌的跨境电商平台，它的特点是开通快，对于口罩等防疫产品没有很多限制，目前海外疫情较严重，美国物资急缺，因此该平台销售数据非常好，但是它也是采用类似亚马逊 FBA 的模式发货。大家可以关注一下这个平台。

* 独立站建设。关于独立站笔者有专门的一节进行分享，未来独立站的建设和发展会成为重点，企业要重视。

第三节　各大跨境电商平台付费流量产品使用攻略

其实，做好跨境电商平台的核心总结起来无非两点：流量和转化率。

一、流量的获取

流量对于一个店铺的价值等同于血液对于人体的价值。首先来说一下，一个成熟的跨境电商平台的流量来源是什么。

（一）重复购买的老客户

一个店铺越成熟、越成功，非付费流量占比越高，一些成功的店铺老客户重复采购、重复浏览的比例非常高。笔者所在社群也有一些在跨境电商平台做 B2（小 B）的商家，他们发展了几个大客户以后，取消了付费商业推广的投入。

（二）搜索带来的流量

搜索包括站内搜索和站外搜索，跨境电商平台的站内搜索包括核心产品关键词搜索、长尾关键词搜索、产品型号关键词搜索、商品品牌搜索。

跨境电商站外搜索主要是 Google 搜索，因而大部分的流量是通过 Google 获取。

（三）社交媒体的流量

社交媒体的流量在未来会显得非常重要，如何通过海外社交媒体引流，后面的文章中会专门讲解和分享，这里不做展开。

（四）跨境电商平台的付费流量推广

跨境电商平台的付费推广有阿里巴巴国际站的 P4P 的外贸直通车、亚马逊站内的 CPC（Cost Per Clicks，按点击付费）广告。2020 年 Wish 广告投入带来的直接流量特别多，尤其是 Wish 内部的流量。目前 Wish 最直接的引流方式是 PB（Product Boost，产品促销）广告模式。eBay 的站内付费广告是 Promoted Listings（一种站内付费广告，可提高产品曝光率），阿里巴巴的速卖通，基本上还是采用淘宝直通车的广告推广逻辑。

（五）网红直播，意见领袖导入流量

这个流量导入模式是2020年最主流的流量获取方式之一，2020年，宅经济促使短视频营销更加普遍，网红直播和意见领袖直播成为最受欢迎的流量获取方式，也代表了未来五年流量的趋势。

（六）其他流量获取渠道

其他的流量获取渠道包括邮件营销、线下媒体广告，比如说通过杂志广告、展会广告获取在线流量等，还有目前比较火的流量获取渠道就是社群营销。

二、不同产品的付费推广模式不同

很多跨境电商卖家不理解，为什么不同产品选择的推广方式、流量获取渠道不一样。比如标品，如3C数码、服装等产品，它们非常符合互联网销售特征，这些产品适合全渠道引流推广。流量越大，转化率越高。但是一些特定的商品，比如婴儿用品、女性用品，它们的个性化差异比较大，这类产品非常适合做社群营销。

如果你的店铺非常成熟，老客户很多，客户反馈非常好，搜索的细分关键词也很多，社交属性明显，这样你的产品就适合做独立站渠道的推广。

如果你刚刚开始推广单品，那就比较适合在主流跨境电商平台做付费广告，比如直通车、P4P推广、CPC推广，通过花钱带来流量。

还有一些侧重B端的产品，比如说工业制成品、原材料、机电产品，这些产品适合在阿里巴巴国际站和中国制造网、环球资源等投入广告。

如果是工厂转型做跨境电商，你们的产品在专业领域领先，比如浙江义乌的工厂做圣诞节产品，黄岩仙居的工厂做木制工艺品，都可以通过独立站做付费推广。

三、亚马逊跨境电商平台的付费推广模式

亚马逊是广大跨境电商创业者选择最多的电商平台之一，所以笔者重点

来说说亚马逊跨境电商平台的付费推广模式。

对于任何一个做亚马逊的卖家来说，亚马逊站内的 CPC 广告肯定是需要了解和掌握的。各大跨境电商平台的付费广告笔者都有过尝试，客观来说，亚马逊的 CPC 广告流量很大，而且非常精准，广告投入成本较低，比较符合中小外贸企业的实际。

（一）亚马逊 CPC 广告的条件和门槛

跨境电商平台的付费推广产品，因为要考虑客户的体验，所以，进行站内商业推广都有一定的要求，亚马逊也不例外。

＊ 首先你要保证自己的产品品质，且没有任何知识产权争议。亚马逊很多卖家都是做海外仓 FBA 模式，在做付费推广之前，一定要确保没有这些问题。

＊ 供应商卖的产品必须有 Buy Box（黄金购物车）才可以做付费推广活动。

＊ 供应商账号的销售计划必须是专业卖家级别。

＊ 产品关键词不能违规，并且要保证关键词精准匹配，系统会排查、屏蔽无效的违规广告词，甚至会对违规广告词给予处罚。

＊ 有些核心关键词因为法律、政策的问题，不能进行商业付费推广，比如 2020 年疫情下，对于特定的防疫产品的关键词的付费推广都是严控的。

（二）关键词的设置

任何付费推广商品的核心都是关键词，笔者建议在亚马逊进行付费推广之前做一些系统的培训，目前市场上亚马逊推广的培训非常多。

亚马逊平台关键词的设置方法有两个：Automatic Targeting（系统自动生成）和 Manual Targeting（手动设置）。

系统自动生成关键词这个模式，主要适合亚马逊新手卖家，设置方式非常简单，系统推荐、自动匹配热搜词、高转换的词等，快速解决关键词选择问题。

手动设置关键词一般建议成熟的卖家选择，目前很多第三方亚马逊代运营机构都是通过手动设置产品关键词。

（三）亚马逊 CPC 付费广告的核心就是精准

目前各大跨境电商平台的流量都越来越贵，所以提升付费广告的转化率非常重要，而提升转化率的关键就是关键词要精准。笔者不建议跨境电商创业者，特别是跨境电商新人选择宽泛的关键词。

* 选择与你的产品属性相近的关键词，你可以从产品的功能、材质、场景等去匹配产品关键词。

* 通过测试和运营得出优质关键词，然后筛选出 CTR（Click - Through - Rate，点击率）高、转化率高的关键词。

（四）影响 CPC 排名的搜索逻辑

任何付费推广都很重视产品的口碑和客户的评价，所以做跨境电商想要生意好，就要做好客户体验。

在这样一个大的运营逻辑下，出价越高的关键词排名越靠前，我们可以通过后台广告管理看到每一个词的广告费用。

亚马逊 CPC 的推广逻辑基本上是这样的：前面名次关键词的出价 + 前面后面关键词的差价的百分比 + 综合评分。

（五）亚马逊综合权重影响搜索排名

就像前面描述的做跨境电商的核心是客户体验，客户体验直接影响转化率，而转化率决定着链接的权重，权重越高，在同等付费推广的前提下，排名越靠前。

亚马逊的转化率主要包括下面两点：一个是点击量、展现量的比值，另外一个是广告成本销售比，这两个数据越高，你的排名就越靠前，转化率越高，自然搜索和广告搜索的排名越高。在 CPC 运营的后期，你应该持续优化核心关键词和 Listing。

在亚马逊平台吸引流量的另外一个方式就是参加亚马逊站内的 Deal（指站内限时秒杀）活动，亚马逊 Deal 活动的特点是程序简单，通过账号经理就可以申请，流量大而且精准。参加 Deal 活动可以带来很多亚马逊站内的免费流量，在亚马逊站外也可以通过 Deal 活动为产品引流。

四、Wish 的流量运营

Wish 跨境电商平台跟亚马逊的逻辑不一样，Wish 主要以推送为主，并不是靠搜索，目前，Wish 电商平台的流量来源主要有以下几个方面：

（一）Wish 的站内流量

* Wish 的站内流量非常多，Wish 电商平台的流量基本上在手机端，它根据用户的习惯推送产品，所以在 Wish 平台增加流量不是通过增加产品的搜索权重，而是要做好产品描述，然后持续地上新产品。产品描述包括商品标题、图片、标签、产品介绍。

* 要在 Wish 获取站内流量就要选择顺应热点趋势的关键词，比如说结合目前的热销产品推广相关的产品，在标题、描述、自定义中加入热销产品的关键词。

* Wish 的发货效率直接影响流量，客户体验越好，流量越多。而退款率、客户差评率会反向影响店铺的流量。

（二）Wish 的站外引流方式

做好 Wish 站外引流需要做到以下几点：

* 利用 Facebook 导入流量。其实很多人不知道，Facebook 是 Wish 的发源地，也是 Wish 粉丝的聚集地和流量来源，Facebook 是 Wish 买家互动的平台。

* YouTube 视频。做 Wish 一定要重视这个视频平台，通过视频分享，你可以拥有粉丝，然后通过粉丝提升转化率。

Wish 的付费广告主要是 PB 模式，目前无论是大卖家还是小卖家都是通过 PB 模式引流。

* Wish 的站内付费广告属于 CPM（Cost Per Mille，按流量付费）广告模式，这个跟亚马逊和淘宝天猫有很大的区别。它意味着你做了 PB 未必有成效，Wish 的 PB 推的是流量付费而不是点击付费，流量付费的成本往往比点击付费高，但是转化率不一定比点击付费高。

* Wish 对每一个报 PB 的产品都会收 1 美元的报名费，一次可以同时参

与十个活动，推广产品多达两百个。

* Wish 的关键词竞价排名。竞价越高，名次越靠前，流量分配越多，但是 Wish 只给你三十个词的位置写关键词，而且不会显示哪个关键词流量大，哪个关键词流量小。

五、eBay 的广告 Promoted Listings

eBay 目前的付费广告是 Promoted Listings，相对亚马逊的付款广告，eBay 的广告设置非常简单，只有产品售出的时候才产生广告费，而不是点击就产生广告费。eBay 的广告只有购买了 eBay 店铺的商家才有资格做，目前支持的站点有美国、英国、德国、澳大利亚，广告费的标准是 1% ~20%，这个费用的基数是零售价格，运输费用不收广告费。

Promoted Listings 推广最适合热销产品、爆款产品推广，如果你的产品不够成熟、转化率比较低，Promoted Listings 并不能带来很多销量。

六、阿里巴巴速卖通的直通车广告

阿里系的付费广告模式都是通过 P4P 直通车，速卖通的直通车是卖家自主设置多维度产品关键词，平台免费展示，按点击收费的营销工具。

速卖通直通车的推广计划目前分快捷推广计划和重点推广计划。

快捷推广计划主要通过养品和养词两个维度产生营销效果，养品就是把店铺的所有产品都加入直通车做测试，然后优选出同等价格下曝光率最高的产品。养词就是通过市场推广测试选择最优化的词。

重点推广计划，主要推广爆款产品，卖家对通过快捷推广计划筛选出的重点词和精品做重点推广。

速卖通直通车的搜索排序规则：包括速卖通推广的综合评分，比如说点击率、养词效果、关键词和推广产品的匹配度、关键词和推广产品的相关度、推广商品的信息质量、关键词的转化率、商户的账号质量、创意标题的质量。还有就是直通车的关键词和类目出价。排名因素 = 出价 × 综合评分。

第六章 跨境电商平台的运营

第一节 如何玩转跨境电商数据工具打造爆款

很多朋友都非常佩服笔者公司可以在2019年选择宠物家具产品品类，企业销售额实现逆势增长。为什么笔者公司能找到一个适合跨境电商渠道销售的爆款产品，其核心原因是笔者公司非常熟练地运用了数据工具。2019年笔者公司通过亚马逊等平台的数据统计和数据分析做出精准判断，未来宠物家具会是爆品。

在未来几年数据分析能力会成为广大外贸出口企业最重要的能力之一。首先笔者来聊聊一个成熟的跨境电商创业者需要关注的几个核心店铺数据。

目前跨境电商平台比较多，笔者拿大家最熟悉的，也最适合跨境电商新人的速卖通平台举例。其他的跨境电商平台虽然数据工具的名称不一样，但是基本逻辑都一样。

一、关于速卖通的数据运营

卖家依靠数据做运营需要关注的点其实有五个：产品、客户、流量、转化率和客户黏性。抓住这几个核心关键点，任何跨境电商店铺都可以经营好。

首先，每天上班，打开数据后台需要看下面几个数据：

（一）实时风暴

实时风暴（其他跨境电商平台都有类似的数据模块，只不过名字不一样），通过这个数据工具，可以了解店铺每天的流量变化，判断商品信息优化和营销活动的效果等，还可以判断出产品流量集中在一天中的哪个时间段。这些数据反映店铺的整体运营情况，需要天天关注，并且结合自己的情况去优化。

（二）店铺核心数据分析

店铺核心数据主要包括店铺的曝光率、浏览量、访客量和转化率，这些数据直接反映店铺的健康度和推广度。

（三）店铺的流量来源

大家记住一个数据逻辑，店铺越优质，付费流量的比例越低。目前速卖通的核心流量来源包括 P4P 流量、联盟营销、自然搜索流量、老客户流量、站外流量，如 Facebook、SNS，还有目前最火的直播和网红营销带来的流量。

（四）速卖通的商品分析

商品分析是每一个外贸人每天都需要做的，比如说细致地观察商品的各项数据指标，分析商品的标题和排名等。然后去优化这些数据，观察爆款商品的变化情况。

（五）搜索词分析、关键词排名跟踪、直通车数据分析

这些数据分析，可以让你知道单品是不是做了精准推广，价格是不是合理，再结合商品分析，可以判断直通车的转化率是不是合适。

二、通过 Google 数据工具选品

关于数据工具的功能，目前跨境电商创业者用得最多的还是利用数据选品和做爆款，现在笔者来重点分析一下数据选品。笔者公司用得最多的数据

选品工具是 Google 数据工具。

首先，笔者来谈谈选品的市场逻辑是什么，跨境电商创业成功的关键笔者认为还是产品，正所谓七分靠选品，三分靠运营。

通过 Google 数据工具选品你要了解下面几个产品情况：

* 通过数据分析了解产品的运营情况。

* 通过数据分析了解产品的整体趋势，比如市场规模、目标市场、销量是不是在持续增长等。

* 通过数据工具看看产品的问题在哪里，是不是有可以优化的地方，如果你选择这个产品，你的优势在哪里，是设计优势，还是品质优势，或是营销推广优势。

* 通过数据分析打造差异化的产品。

另外，笔者来分析一下 Google 数据工具的分析逻辑。

首先，你可以通过关键词排名、评论、排名的上升率等核心数据看看整个行业的情况如何。

其次，你可以分析数据，通过销售量、排名、价格来分析市场容量和产品的竞争力。再结合数据，选择和开发产品。

三、阿里巴巴国际站的选品和爆款打造策略

阿里巴巴国际站目前是广大外贸创业者用得较多的跨境电商平台之一，特别是 2020 年国际站推出了定制模式 + RTS 模式后。很多外贸创业者转型做阿里巴巴国际站都取得了非常好的效果。

其实做店铺运营的两大核心要素就是选品和打造爆款，而打造爆款的关键点是店铺的流量和转化率。

（一）运营阿里巴巴国际站的基本逻辑

* 通过数据工具选品，找到市场需要的优势产品。
* 通过阿里巴巴国际站顶展词推广获取流量。
* 整合推广资源、打造爆款，主要推广有优势的爆款产品。

（二）关于阿里巴巴国际站的选品

其实电商平台的选品逻辑差不多，只在操作上有些区别。阿里巴巴国际站中很多卖家都有自己的工厂，在选品时首先还是应该结合工厂的产品实际。然后通过阿里巴巴国际站数据管家、Google 趋势看看自己产品的目标市场。你也可以通过引擎搜索关键词 + 网址 + 国家图片，分析客户的偏好。

1. 做好市场调研

调研的方法非常简单，可以通过阿里巴巴国际站、1688、亚马逊、eBay、Wish 等电商平台搜索关键词，了解热门产品的市场趋势。

2. 利用阿里巴巴国际站站内数据分析选品

通过阿里巴巴国际站主推的商品数据维度分析，再结合数据管家中访客对于商品的停留时长，到卖家的产品反馈数据、买家收藏数据、信保下单数据等判断这个产品的市场表现力。

3. P4P 和顶展推广核心关键词的选择

阿里巴巴国际站站内推广的核心还是关键词的选择，具体的数据工具是核心关键词指数，通过数据管家行业版——“关键词指数”功能，挖掘主推产品的关键词。

然后就是直通车——“高流量关键词的选择”，选择产品的关键词，进而整合资源，集中推荐爆款产品。

（三）阿里巴巴国际站的爆款打造

一般来说分为下面几点：

* 设置橱窗产品，为爆款产品加权。
* P4P 的词绑定推广测试爆款。
* 顶展绑定核心流量导向测试爆款。
* 一达通和信保交易纪录以及客户评论绑定爆款产品提升买家信任感。
* 首页、页面描述、栏目加超链接等。

四、亚马逊平台打造爆款的策略

（一）选品技巧

首先我们来聊聊亚马逊平台选品、打造爆款产品的前提是什么，什么样的产品可以成为亚马逊的爆款。

＊ 想成为亚马逊平台的爆款产品你的产品品质一定要过硬，确定好是选择 FBA 还是海外仓，还有就是知识产权，做亚马逊爆款产品知识产权一定要完全没有问题。亚马逊的知识产权政策非常严厉，如果你的产品有知识产权纠纷，越是爆款，麻烦越大。

＊ 有独立、优质的产品研发和设计能力。亚马逊平台中那些靠 1688 随便批发一些产品进行销售的商家已经很难做了，你最好具备自己的供应链，并且有独立的研发和设计能力，拥有专利和技术门槛，这样才可以推广出真正的爆款。

＊ 差异化也是打造爆款的重点，除了设计能力，你的产品要与同类产品有差异。

＊ 具备完善的售后服务体系，做亚马逊售后服务非常关键，客户体验度和客户评价至关重要。

拥有了这些以后，你就可以选择在亚马逊做爆款推广了。

（二）Listing 刊登技巧

笔者公司做亚马逊很多年了，其实亚马逊打造爆款的关键就是卡好链接的推广节奏，做好运营计划和运营方案，然后再结合 CPC 和站内、站外优质资源打造爆款。

通过前期的 CPC 广告和站内、站外营销推广，流量就多起来了，但是流量多了还要看转化率和订单率。很多网友跟笔者交流说，在亚马逊推广爆款，流量虽然多了，但是转化率一直不高。

爆款的流量要精准，精准的流量才能提升转化率。流量不够精准是很多新手卖家的痛点，带来这个问题的原因有很多，比如就单纯地开启自动广告模式，没有精细地分析数据、预先设定否定词。我们要及时否定大词和不精准词，增加评论和广告整体预算，同时减少转化率低的词的出现频率。

高转化率是做爆款的核心，提升转化率的一个方式就是做评价和问答，比如通过 Facebook 做评价、问答对转化率有非常大的提升作用。

做爆款还应该具备良好的供应链能力，不要等爆款做起来了供应链货源跟不上。2020 年很多跨境电商卖家就遇到这样一个问题，因为疫情货源跟不上，然后爆款产品的销量下跌。

推广文案也需要精心写作，你做的爆款产品应该有自己的品牌和专利，这样就可以非常好地防止跟卖。

总结起来亚马逊做爆款的关键点如下：

* 选择优质的核心关键词，关键词 80% 是长尾词，20% 是高流量词，再加上需要否定的词和不精准的词。

* 产品图片一般找第三方进行拍摄，做活动的话最好用白底照片，还要有产品的细节图、场景图、包装图等。记得做电商卖的永远是图片。

* 做问答和评价。

* 利用 CPC 推广模式，前期提高排名、增加流量，后期再慢慢赚钱。

* 通过 FBT（Frequently bought together，组合购买）关联流量，让产品拥有更多的流量入口。

* 参与店铺的大促活动。

* 站外流量，Facebook、Google、网红等带来的流量。

* 不断地优化产品，关注产品数据表现，最终打造属于自己的爆款产品。

第二节　跨境电商营销策略

一、精细化客户服务

2020 年的疫情，对于跨境电商创业者的影响非常大，特别是在疫情的早期，因为产品供应链断裂、跨境物流受阻、发货延迟、通关效率下降等问题，很多跨境零售店铺客户投诉和差评比例大大增加，这给创业者经营跨境电商店铺带来很大的风险。

在此种情况下纵横四海公司在跨境电商领域实行全渠道营销，包括亚马逊、速卖通、阿里巴巴国际站、Wish、eBay 等，我们跟客户保持有效沟通，开展专业的跨境电商客户培训，很好地解决了疫情期间的客户订单纠纷，下面来分享一下笔者的经验和体会。

（一）和客户沟通的技巧

疫情下外贸业务员如何跟海外客户沟通，如何正确地跟客户阐述目前的疫情需要大量技巧，所以笔者公司在复工以后马上对一线业务员进行了统一培训。

每个公司都要根据自己的实际情况来决定如何回复海外客户，但是在跟海外客户沟通的过程中必须传递出下面几个核心的信息：

* 在政府的大力管控下，疫情马上会控制住，不会持续太久。

* 传递给客户我们的工厂干净、防疫措施完善的信息，并通过视频、照片展示给客户看，让客户打消顾虑。

* 我们企业的生产能力、供货能力很强，让客户放心下单，我们会及时保障货物供应。

对于一般的外贸业务员，首先不要主动谈起疫情问题，如果你的微信朋友圈有海外客户，这段时期建议你屏蔽信息，因为疫情的信息满天飞，真真假假难以辨别，过多的信息只会影响客户的采购心态。

其实客户最关心的除了安全就是交货时间的准确性。一线业务员在跟客户沟通的过程中，可以通过视频、照片的方式证明工厂的生产是正常的，生产能力已经恢复。其次，业务员也可以跟物流公司确认，给客户明确的交货期。

1. 重点客户的沟通技巧

对于公司的头部客户和核心客户，一般是以公司和总经理的名义给客户发一封邮件或者打电话、发视频等。以公司信誉和总经理的信誉背书让客户对企业充满信心。告知客户企业在疫情防控上的努力，以及政府的优惠政策和企业的供应链能力。

2. 在线客户服务能力是关键

越是疫情期间，订单纠纷肯定越多，虽然平台有很多政策帮扶跨境电商创业者，但是要持续地提升客户的满意度，还是要靠我们的在线客户服务。疫情期间，我们应该通过精细化的客户服务，留住订单，提升客户满意度。

（二）解决客户纠纷之道

由于2020年的疫情，跨境电商行业对商家的经营能力、在线客户服务能力提出了更高的要求，尤其是售后服务能力，因为对于客户纠纷的处理影响店铺的销售额、排名、曝光率等。

1. 客户要求取消订单怎么处理

疫情带来的物流和通关效率下降问题，导致很多零售客户把已经付款的订单取消，影响店铺经营。

遇到这种情况，首先我们应该在Listing首页以及描述中非常清楚地写明，因为疫情的不可抗力原因，这段时间内发货的速度和效率会下降，希望客户给予一定的理解。

其次，为了让客户有更好的体验，我们也可以给客户一定的价格优惠，以提升客户体验，让客户满意。

对于客户取消订单问题的解决方法，核心还是靠销售人员的沟通。跨境电商企业应该针对疫情对业务员进行系统化的沟通培训。如果在页面中说明疫情因素，并且跟客户有非常好的沟通，店铺的退单率应该会下降很多。

2. 海外客户要了解跨境物流动态信息怎么办

疫情期间很多海外消费者买了东西以后，非常急迫地想知道具体什么时间可以等到这个商品。一般情况下商家通过E邮宝、EMS等物流公司发货，系统会给收货人提示，就像我们国内在淘宝、天猫买东西一样。

但是疫情期间，跨境电商卖家要主动地关注物流信息，遇到物流停滞或者其他物流问题，及时跟物流公司沟通，在客户发现物流问题之前帮客户解决，并且给予客户明确的回复。

3. 客户要修改地址怎么办

海外客户下单要修改地址，这里主要分两种情况，第一种情况，客户还没有付款，要求修改地址，这个问题非常容易解决。最麻烦的是第二种情况，客户付款了，并且我们已经把货发走了，客户提出要修改地址。这对卖家来说比较被动，如果货刚刚发走，建议你马上跟物流公司沟通，看看能不能截回包裹。如果货已经发走了很多天，那还是需要跟客户有效沟通，取得客户理解，告诉客户因为是跨境物流，物流费用非常贵，如果要更改地址需要支付一定的费用。一些电商平台对修改地址有对于卖家的支持政策。

4. 遇到客户差评怎么办

疫情下，店铺经营最大的风险就是客户给差评和负面评价，差评和负面评价高频率出现对于店铺产品来说是致命的。

其实这几年跨境电商运营压力非常大，目前导致产品销售额不断下降甚至产品下架的核心因素有两个：第一，差评；第二，断货。差评也是导致我们广告效果下降的核心原因之一。

如何避免店铺差评，首先，打铁还需自身硬，特别是在疫情期间，自身应该防患于未然，比如在页面描述中清楚说明疫情期间物流效率和通关效率大大下降，让客户有一个合理的预期。

其次，你应该在提问回答环节，把客户能想到或者想不到的问题都说清楚，真实、客观地描述买家买到产品可能遇到的问题，还有解决方法。

笔者公司对于解决客户差评纠纷有一套完整的流程：

＊ 团队对于差评有非常及时的监测管理。

笔者公司运营的店铺比较多，对于店铺的客户反馈、客户评价，特别是差评，我们要第一时间反馈和处理。因为差评的处理有一个时间点问题，处理得越及时越能挽回损失。

＊ 第一时间联系客户。

第一时间，通过 IM（Instant Messaging，即时通信）和邮件跟客户沟通。跟客户的沟通技巧非常重要，在沟通过程中应该遵循下面几个原则。

- 真诚地承认错误，不争辩、只道歉。很多新手卖家，与客户沟通经常说，“我们的产品没有问题，你为什么给差评”之类，这样的语气和思维方式，对于解决客户差评没有一点帮助。遇到差评，无论我们有没有错，首先，要真诚谦卑地跟客户说对不起，因为我们电商做的就是客户体验和客户满意度，这是我们的理念。

- 提出解决方案和补救措施。我们应该相信大部分的买家是诚信的，确实是因为我们的客户服务、产品让客户有不好的体验，才导致客户给差评。所以，我们要通过真诚的沟通和道歉，消除客户负面情绪，理性地和我们交流。

交流的核心是满足客户的需求，比如产品破损，可以折现或者免费补发。维护客户的利益才是解决差评之道。

- 适度示弱，真诚沟通。在满足客户需求的前提下，我们也可以阐述一下卖家的难处，比如说疫情下，物流效率非常低、利润薄，团队为了挽回客户的损失做了最大的努力，希望客户可以理解我们的难处，删除差评。

5. 差评已经成为事实并且不可修改了怎么办

发生这样的情况确实非常遗憾，因为有些客户非常难沟通，毕竟很多海外客户在价值观、文化上与我们有很大的差异。遇到这种情况我们应该做好评价解释工作，如果评价解释做得好，可以抵消很多差评带来的负面影响，我们在评价解释时一定要说清楚下面几个核心点：

* 在评价解释中写清楚，我们已经向客户真诚地道歉，因为我们的服务和产品给客户带来了不好的购物体验。

* 在评价解释中说明，为了消除客户不好的购物体验我们已经做了很多努力，比如说免费补发产品、给客户折扣，甚至免单，但是很遗憾，客户还是不满意。

* 在评价解释中写清楚，为了防止这样的情况再次发生，我们后期的改进措施是什么，比如针对物流导致产品破损问题，我们已经升级了物流包装，非常可靠，让客户可以放心购买。

如果你的差评解释写得好，差评的负面影响可以降到最低。

* 跟电商平台客户服务人员沟通。首先笔者相信大部分买家是诚信的，但是确实也有部分买家做恶意评价，评价的内容和现实完全不符，或者是经常性给差评，这时我们可以联系跨境电商平台客服人员进行申诉。

目前跨境电商平台大部分的政策是偏向买家的，所以你在平台申诉过程中要确保你的证据有说服力。

通过真实的图片、物流记录、聊天记录，证明这个客户是恶意评价甚至他本人是恶意买家，取得平台的理解和支持。

* 让老客户回评。如果一段时间内，店铺差评比较多，你可以邀请没有

评价的老客户来我们店铺做正面评价，并给予他们一定的价格让利和优惠政策。通过老客户的正面评价减小差评的负面影响。

（三）关于知识产权纠纷的处理

首先，各大跨境电商平台对于知识产权的门槛越来越高，卖家应该在知识产权上进行系统的学习，有尊重知识产权的理念，不去卖有知识产权争议的产品。

知识产权主要包括商标权、内容版权和产品专利，商家应该在产品上架之前，做好专利保护，特别是爆款产品。

解决知识产权纠纷的最佳途径，就是防止纠纷发生。卖家应该了解商标法，不卖违规的产品，对于模棱两可的商标一定要咨询专业的商标律师。

关于跨境电商的内容版权，主要是图片和文本，坚持用自己的商品图片，如果是供应商提供的图片，问清楚有没有版权问题。

产品页面的文案也是知识产权纠纷的多发区域，很多新手卖家直接复制粘贴，这样很容易带来知识产权纠纷，一定要坚持原创。

产品专利包括发明专利、实用新型专利和外观设计专利，对于这些专利一定要有基本的认识，在遇到争议时能有理有据地驳回，挽回损失。

二、外贸业务员如何高效处理客户投诉

（一）处理客户投诉的原则

Jucy 是一家工贸公司的外贸新人，2019 年上半年她通过广交会认识了一个巴西客户，客户采购了一批价值 8 万美元的露营灯产品，付款方式是 30% 的前 TT（Telegraphic transfer，电汇）。等工厂生产完产品，客户的一个代理商来工厂检验货物，检测的过程中，因为露营灯的电池等级问题，客户提出了非常严厉的投诉，甚至要求退还已经预付给工厂的 30% 的预付款。Jucy 是一个外贸新人，她是第一次面对客户投诉，有点手足无措。

笔者在跟 Jucy 交流的过程中告诉她，作为一个外贸人遇到客户投诉其实非常正常，因为外贸交易过程本质上就是一场利益博弈的过程。同时，外贸

交易环节多、周期长，对业务员的专业素质有非常高的要求，每个外贸新人都应该有高效处理客户投诉和争议的能力，这是外贸生涯必须学习和掌握的一门技能。那如何高效地处理海外客户的投诉呢？笔者认为应该重点掌握下面几个原则：

1. 心态要平和，要处事不惊

外贸业务员特别是外贸新人遇到客户投诉、索赔的时候，会束手无策，因为作为一个职场新人深刻知道如果客户投诉处理不好，很有可能给企业和自己带来非常严重的损失。但是笔者认为这恰恰是业务员自我成长和锻炼的最佳时机。外贸交易动辄几万美元，如果没有过硬的心理素质，你的生意是不可能做长久的，记得笔者做第一份外贸工作的时候，业务经理给我们的建议是“细节工作不出错，遇到事故不怕事”。万一出了订单事故客户投诉，越是慌越是不冷静，你的情况只会越糟糕，记住，沉着冷静是解决一切客户投诉的前提和基础。

2. 要注意倾听和理解客户

你应该相信大部分的客户投诉是事出有因的，因为客户和你一样都是生意人，生意人最宝贵的是时间和精力，如果不是订单出现不可挽回的问题，大部分客户都是本着解决问题的态度来的。所以作为业务员遇到客户投诉和争议，无论客户多么激动，言辞多么激烈，你应该认真倾听客户的投诉，想办法解决问题。根据笔者的经验，客户在投诉时往往会有情绪化的一面，甚至会把事情说得非常极端，但是你大可不必紧张或者惊慌失措，只需沉重冷静地倾听，并且对客户表示认同。这种处理方式让客户在情绪上得到宣泄，同时表示出你解决问题的真诚态度，这样才能在客户冷静下来后，真诚沟通，找出客户投诉的原因。

3. 树立客户第一的理念，不和客户正面冲突

面对客户投诉和订单争议，最大的忌讳就是和客户正面冲突，客户投诉时外贸业务员一定要冷静应对，并且对客户充分理解，但是做到这一点需要非常强大的内心和专业素养，很多外贸新人难以应对，在这样的情况下你可以请求你的业务经理和上级领导一起来处理这件事情，切记不要跟客户正面冲突。作为一家有责任心的公司，客户第一肯定是企业生存发展的重要理念，企业的发展、业务员的成长靠的是客户的支持，在处理争议时跟客户正面冲突会让事情变得越来越糟糕。

4. 客观分析客户投诉的原因

通过跟客户真诚地沟通，以及对整个交易流程的仔细梳理，你应该能客观地找出客户投诉的真正原因，是工厂的责任还是客户的责任，这是解决定单争议的核心环节。笔者公司在业务员培训时就强调要注意工作细节，每个环节都要有据可查，比如我们要求重要环节一定要通过照片与客户确认，交易的过程有邮件交流记录。

（二）投诉原因

根据笔者多年的外贸经验，投诉原因无非有这样几种：

1. 沟通交流上的误会

这样的情况非常多，因为我们跟海外客户在语言、文化、理念甚至是价值观上有不同，很多争议仅仅是因为误会，面对这种情况，外贸业务员可以通过真诚地跟客户沟通的方式解决争议，多多理解和安抚客户，向客户说明我们在沟通上还不够完善，以后会努力跟客户更顺畅地沟通。

2. 客户的责任

在很多外贸实践中我们发现，订单的争议和投诉完全是客户单方面的错误造成的，比如客户不小心、不谨慎，或者客户表达不完整。这时我们应该明确地指出客户的责任，但是一定要注意方式和技巧，给客户留余地，毕竟客户是付钱的人。但是必须要让客户清晰地理解并且认同谁是真正的责任方。

3. 外贸商的责任

客户的投诉，也有可能是我方原因造成的，比如说业务员专业素质不过关、工厂生产管理有缺陷、产品质量不过关、交货不准时等，对于自己的问题我们应该勇敢地承担责任。挽回客户的损失重新建立客户的信心，保持长期稳定的合作关系。如果有证据证明是我们的责任和问题，我们也逃脱不了，如果恶意逃避责任，我们的市场口碑、行业信誉都会受影响，甚至惹上法律官司。

（三）解决纠纷

1. 和客户是利益共同体，一起解决问题

当一笔订单出现纠纷，发生争议，客户开始投诉，我们通过沟通交流，找出争议原因和目的从而解决问题，在解决问题的过程中我们跟客户是利益共同体。比如一票订单客户下单并且付款30%，结果订单出现纠纷，客户肯定更急，因为客户有采购计划、有销售计划，甚至还有下家买家，而工厂投入了资源、资金进行生产，利润不多，资金压力大，如果不能收回全款，更是麻烦。所以，无论争议有多大，我们跟客户是一条船上的人，通过真诚地沟通、相互理解、彼此退让、解决问题才是核心。

2. 尽可能多地站在客户的角度维护其利益

刚刚说了，企业和外贸业务员的发展靠客户，订单出现投诉无论是谁的错，我们都应该多站在客户的角度，帮助客户解决问题，维护客户的利益，我们能多承担一点就多承担一点，毕竟如果客户体验好，满意度高，多来下单，还是我们受益。这才是一个优质的业务员处理投诉的态度。

3. 总结经验教训，避免再犯错误

笔者经常和我们公司的外贸业务员说，解决客户争议是外贸人自我成长的一个机会，通过处理客户争议我们可以反思自己的不足之处，比如说是不是沟通有问题，交易细节不够谨慎，交易过程证据留得不够，这样不断地总结经验和教训，业务员会慢慢成长，工厂也会不断完善，客户满意度会越来越高，我们的生意自然也越来越好。

三、价格策略和店铺装修

2020年4月笔者公司开跨境电商月度业绩分析会，我们推的十个爆款产品，成功的比例是10∶9，其中三款产品甚至卖出了行业第一、第二的销售业绩。

每次成功推出爆款产品，笔者公司内部都会召开非常认真、详细的业绩分析会议，总结成功经验、查漏补缺，笔者公司推爆款的成功率非常高，除了因为我们的选品策略，还有一个重要的因素就是价格。

（一）跨境电商平台的定价逻辑

1. 定价的前提是对市场有充分调研和了解

你做一个产品，特别是推一个爆款产品之前，一定要对市场价格有充分、及时、动态的了解。

笔者公司对于外贸业务员的要求是这样的，外贸业务员以两周为周期，去全渠道跨境电商平台调研同类产品的价格，判断我们卖的产品的价格处于行业什么位置。

2. 商品成本＋利润率

目前广大小微跨境电商创业者采用的最常规的定价策略是商品成本加上预期的利润。对于成本的计算每一个卖家都有区别，笔者说的成本指的是综合成本，包括商品采购、物流成本，还有办公的综合成本等。

3. 以行业价格为标准的定价策略

这个一般是做爆款产品的定价策略，如果你想在短时间内把你的产品推起来，产品的价格优势应该非常明显，所以你的定价策略就要参考竞争对手的价格，一般的建议是你的产品的价格处于行业价格中等偏下的水平，不要最低。因为价格仅仅是销售的一个环节，此外，还要注重品牌、服务、营销和客户体验，这样就可以很容易地把一个爆款产品做起来。

4. 以品牌价值来定价

这应该是目前较具前途的定价模式之一，2020 年跨境电商品牌化趋势明显，品牌的真正价值是价格赋能、价格溢价。

首先，你应该客观评价自己的商品是不是具备品牌价值，品牌价值包括优质的客户体验和客户口碑，如果你的品牌确实已经在市场上运营很多年，具备一定的口碑和市场号召力，你可以选择以品牌价值来定价。

对于以品牌价值定价，笔者的建议是差异化定价和差异化定位，首先品牌要有差异化优势，你的产品、设计、专利要有独特的价值，然后产品的定价才可以高于同类产品，但是，笔者建议中小跨境电商卖家品牌定价也要符合实际，因为你的品牌毕竟不能跟海外的大品牌相媲美，所以，定价高于行业平均水平可以，但是要符合市场实际，保持价廉物美的优势，并且持续、动态、理性地预判自己的品牌定价。

（二）亚马逊电商平台定价策略

亚马逊跨境电商平台是广大跨境电商创业者用得较多的平台之一，接下来重点分析一下，亚马逊跨境电商平台的定价策略是什么。

在谈亚马逊的定价策略之前，先聊聊亚马逊的产品价格趋势。2020 年，亚马逊平台强调品质、品牌和优质的客户服务体验，所以亚马逊的定价前提是产品品质好，不单纯追求低价格，低价未必能为产品带来销售额。

1. 亚马逊区域市场的价格因素

目前亚马逊有很多的区域市场，每一个区域市场的价格策略不一样，比如说美国市场和日本市场的定位就是有区别的。

2. 亚马逊的平台佣金定价

产品的价格首先要包括亚马逊平台的佣金。

3. 生产成本和采购成本

亚马逊有部分商家是开工厂的，他们的成本就是生产成本，如果你是贸易商，那么你的成本就是生产成本加采购成本。

4. 产品市场周期定价

我们推一个产品的市场周期是不一样的，比如产品开拓期定的价格要非常具有竞争力，中期可以调整价格，恢复到正常水平，后期，可以通过价格让利的方式清理库存。所以每一个阶段，价格定位是不一样的。

5. 知识产权和品牌因素

亚马逊是一个非常重视知识产权的平台，知识产权的投入应该算到企业的成本中。还有就是品牌定位，如果品牌走高端路线，定价自然高，品牌走中端路线，定价中等，品牌走低端路线，定价较低。

6. 活动价格策略

每年的大促活动都是亚马逊的重头戏，比如说亚马逊的黑五大促、圣诞大促，每次活动中产品的价格应该有一个专门的团队来定制。该团队的工作包括前期的价格设定、竞争对手的价格调研、活动的价格制定等。

7. 亚马逊的运输成本

亚马逊的卖家基本上都选择 FBA 模式发货，会产生头程费用和 FBA 的相关费用。这些费用都应该算到价格中。

综上，亚马逊 FBA 产品的销售价格 = 产品成本 + 平台佣金 + FBA 费用 + 预期利润 + 其他。

（三）关于跨境电商平台产品价格的调整

确定跨境电商平台产品的价格以后，有时还需要根据市场的变化、销售策略的变化进行调整。

关于跨境电商的价格策略，首先，定价是极其严谨和系统的，在订立价格之前，应该充分调研，订好以后不是特殊原因不要轻易改变。

1. 什么情况下可以涨价

* 调整销售节奏。2020 年很多跨境电商卖家涨价的理由非常特殊，就是因为疫情导致跨境电商卖家的供应链出现问题。因此，很多跨境电商卖家提价格、降低卖货速度。

* 爆款产品已经非常成熟，并且有非常强的竞争力，销量处于行业前列，为了提高利润，可以考虑提升价格。

2. 什么情况下可以降价

跨境电商产品降价要谨慎，因为价格下降了以后很难调上去。正所谓降价难，涨价更难。

一般遇到下面几种情况可以考虑降低价格：

* 爆款产品进入红海期，行业竞争白热化，商家之间纷纷打价格战，你急于清理库存，开始下一轮爆款选品的时候，可以降低价格。

* 亚马逊 FBA 产品严重滞销，需要支付额外的仓储费用的时候，可以降低价格，清理库存。

* 经营困难，需要快速回笼资金的时候，可以下调价格。

* 部分季节性的产品，比如圣诞节礼品，过了圣诞节自然需要下调价格。

* 大促活动和爆款开发的早期。大促期间肯定要调整价格，通过让利吸引客户，但是这个要有自己的规划，因为还要考虑到价格常规期的产品销售。

另外，爆款开发的早期一般也要通过价格让利的方式增加产品销售量，笔者建议可以买一送一，通过赠品的方式让利，这样，在中期才可以稳定产品价格。

* 亚马逊卖家想赢 Buy Box 的时候也需要价格让利。

定价策略中，可以标 0. 99、10. 99 这样的价格，这在销售中很常见，这样的标价可以让客户感觉到非常精准。另外一个问题就是关于产品折扣问题，一般亚马逊的产品折扣在 10% 就可以了，不需要打太大的折，速卖通跨境电商平台的优惠方式一般是包邮。

（四）关于店铺装修的问题

首先跟大家分享一个跨境电商转化率的核心数据，80%的跨境电商买家通过页面描述自主下单，所以跨境电商的页面装修和描述尤为重要。

1. 跨境电商店铺装修和页面描述的总原则

* 页面装修的目的是为了提高订单的转化率。
* 电商必须注重视觉冲击力，所以应该在设计、图片上做精细化运营。
* 针对不同目的国市场店铺装修风格要不一样，比如面向美国市场和中东市场的店铺装修风格肯定不一样。
* 简单明了地说明客户最关心的问题。
* 提问、回答是关键，在提问、回答环节把客户能想到的、想不到的问题都清楚地罗列出来，让客户通过页面描述了解关于产品的所有问题。
* 要定期根据市场和客户反馈优化页面描述，提升客户体验。

2. 关于跨境电商店铺的排版装修

目前店铺装修，特别是阿里系的跨境电商店铺装修有很多模板，笔者建议不要做得特别花哨，简单、干净、简洁为主。

* 店铺装修的核心目标还是提升订单的转化率。
* 店铺装修是为了满足买家的购物需求，比如让客户快速地找到自己需要的产品、问答栏目，解决客户所有的疑问。
* 店铺装修的另一个目的是提升产品和品牌形象。

3. 对跨境电商店铺装修的建议

首先建议大家对自己的店铺进行形象设计，如整体的装修风格、店名、招牌、品牌标志、品牌颜色等的设计，这对于后期建立品牌、推广品牌有非常重要的意义，这些一般第三方设计公司都可以做到。跨境电商卖家需要具备的只是设计意识。

其次，页面一定要设置多种语言，新兴市场是跨境电商的增长点，比如俄罗斯、德国等，因此，页面设置相应的小语种会有利于开发相关客户。

最后，要注意促销模块的设计、排版。店铺最醒目的地方放上白底的大图推荐重点产品，整个页面的设计有抓人眼球的亮点，还有就是做好店铺产品的分类，方便买家查询。

4. 店铺装修应注意的问题

＊ PC 端和手机端的浏览效果不同。

＊ 独立站的卖家注意客户的浏览速度和下载速度，比如大幅图片、主页的浏览速度等。

＊ 尊重目标市场的风俗习惯，比如针对中东市场的店铺的装修，应该尊重中东市场的宗教文化等，在颜色、关键词、描述上尊重当地的文化。

（五）关于亚马逊页面描述的建议

亚马逊的转化率和产品的页面描述有很大的关系，页面优化得好，直接提升产品的转化率和销售量。一般来说要在亚马逊页面描述中清楚地写明下面几个关键信息，并且持续地优化这些信息。

＊ 页面描述的产品参数一定要精准，如果页面描述中产品参数不够详细、精确，不仅仅影响买家的采购效率，而且有可能带来客户投诉和差评风险。

最典型的案例就是充电器的电池电容，亚马逊卖家经常因为这个导致客户投诉或者买家退款，所以对于产品的参数要准确描述，最好还要有形象的说明。

＊ 页面描述突出产品卖点和优势，比如客户为什么选择你的产品，你的产品有什么独特优势，卖点是什么，这样才可以提升产品的点击率，增加曝光率。

＊ 你的产品可以解决客户什么样的痛点和消费需求，这是买家最关心的，比如你的手机充电器可以快速充电，解决充电慢的痛点，这就是产品的亮点和转化率优势。

＊ 描述中应该反映产品的真实情况，甚至有些小缺点也可以真实地展现出来，然后写清楚售后服务的保障、物流退货换货政策等。

四、品牌化是跨境电商的必由之路

2020 年疫情下纵横四海各大跨境电商平台的销售额逆势增长。就是因为纵横四海的跨境电商品牌战略，我们的产品通过品牌实现了溢价，所以利润率比较高，企业通过跨境电商品牌走上了良性发展的道路。

其实这几年各大跨境电商平台都倡导卖家进行品牌出海，鼓励卖家开展系统化的品牌建设。越来越多的跨境电商卖家意识到品牌的重要性，也开始了品牌的打造。

根据网经社的调研数据，2019 年有超过 59% 的跨境电商卖家采用品牌化的运营推广方式。对于所有跨境电商卖家来说，未来三到五年大规模的品牌化出海会成为必由之路。

（一）中小跨境电商卖家如何理解品牌

很多中小外贸企业对于跨境电商企业建立品牌、推广品牌有困惑，甚至怀疑小微外贸出口企业适合做电商品牌吗？

说到跨境电商品牌我们会想到“老干妈”、小米手机，还有“Anker”。

传统的品牌建设之路一般需要长期投入，不断沉淀，最终建立起品牌，但是跨境电商的品牌建设跟传统意义上的品牌建设还是有区别的。

跨境电商的品牌建设主要依靠优质的产品、正面的客户评价，非常好的客户体验，慢慢地建立互联网口碑，让海外消费者主动去搜索你的店铺和产品关键词，并且下单。同时，因为产品品质好，客户体验非常好，客户愿意付更高的价格买你的产品。从这个意义上来说中小跨境电商品牌建设并不难。

（二）品牌“出海”的三大主流模式

跨境电商品牌出海主要有下面几种核心的模式：

1. 国内的优质品牌“出海”

最典型的就是老干妈，老干妈在亚马逊平台上一直是非常畅销的产品，还有就是小米、小狗电器等，这些品牌在我国已经具备非常大的品牌知名度，在产品打造、品牌宣传、品牌推广上都有一定的优势，因此，它们通过跨境电商平台出口，又建立了自己的海外品牌。

2. 平台品牌

国内做得比较好的类似于棒谷科技、有棵树、傲基跨境电商等，通过建立一个平台品牌，精心选择中国优质商品向海外消费者销售。2020 年因为独立站的流行，很多中小跨境电商创业者也通过独立站销售，因此独立站的品牌建设也变得非常重要。

3. 产品的品牌化

产品的品牌打造是目前中小卖家做得最多的品牌运营，通过优质的商品、良好的市场口碑，以及在海外社交媒体的推广，最终在海外消费者心中建立了良好的品牌形象，提升了品牌销售量和产品利润。

（三）中小跨境电商卖家如何打造海外品牌

中小跨境电商卖家的特点是资金少、海外资源匮乏，那么中小跨境电商卖家如何进行自己的品牌建设和运营呢？其实还是应该找到自己店铺和产品的定位。目前跨境电商平台竞争非常激烈，中小跨境电商卖家建立品牌的过程中，首先应该分析自己的产品和店铺具备什么样的特色优势。找出自己的特色以后，再去制定一个高效、流程化的推广运营方式，通过运营和推广打造自己的产品品牌。

1. 关于店铺的形象设计、商标注册和装修

店铺品牌商标和形象设计，笔者建议交给第三方设计公司做，从整套形象、颜色、标志、商标海外注册等全流程外包。

2. 分析自己店铺和产品的定位

比如产品的目标市场是俄罗斯，就应该针对俄罗斯市场的客户特点分析自己产品的优势和卖点，突出自己的优势，满足客户的差异化需求。拥有优质的产品和良好的市场口碑是打造品牌的基础。

对于店铺的分析，一般来说跨境电商店铺分为铺货型和精品型店铺，如果店铺定位是铺货型店铺，那么应该在供应链和海外仓方面做好准备，确保优质的客户体验。

如果店铺定位是精品型店铺，那么应该在研发、外观设计、创新能力上有自己的特色。

再来说说产品定位，目前跨境电商产品的定位也分两种，第一种是跑销售量的价格路线，第二种是高端利润路线。

跑销售量的价格路线的产品也要保障品质，因为优质的客户体验是做品牌的基础。走高端利润路线的产品，一定要注重外观专利的保护，想要实现品牌溢价，要符合跨境电商卖家实际，也要尊重产品的转化率。

3. 重视移动端的品牌建立和推广

目前速卖通和 Wish 等平台移动端的流量越来越多，所以中小卖家建立品牌一定要注重移动端。移动端的店铺装修、产品设置都跟电脑端不一样，店铺的装修、图片应该符合移动端短、平、快的传播特性。

4. 通过内容营销建立自己的品牌

2020 年比较流行内容营销，比如通过网红和网友的互动建立自己的粉丝群，然后通过粉丝的口碑传播建立自己的品牌。

5. 站外流量带来的品牌效应

通过 Facebook、YouTube 等社交媒体进行品牌推广，建立自己的品牌，积累粉丝。也可以在社交媒体平台传播关于产品的话题带来流量。

6. 做品牌一定要注重海外仓建设

做品牌一定要有优质的客户体验，目前跨境电商领域最大的痛点就是跨境物流，如果通过海外仓发货，货物可以以最快的速度到达客户手里，客户体验会非常好，这可以进一步强化品牌的口碑。

7. 建立自己的品牌团队

建立自己的品牌团队，包括品牌策划、品牌运营人员，也可以通过外包第三方品牌服务机构帮助店铺建立品牌。

（三）宁波跨境电商企业老板陈总打造品牌的故事

宁波陈总的公司是做小家电的，地址位于宁波市小家电之乡慈溪，他从 2009 年开始做跨境电商，经过几年的奋斗，他意识到品牌对于跨境电商的重要性，最终通过品牌建设为自己的企业带来了巨大发展。

谈到为什么去做品牌，陈总说他一开始做跨境电商只是为了消化传统外贸工厂的库存，起初利润还可以，但是后来生意越来越难做，竞争到了白热化阶段，迫于生存的压力，陈总选择了打造品牌。

说到对品牌的认识，陈总认为打造品牌的关键首先是有优质的商品和特殊的价值，研发方面要有自己的专利，所以这几年他们公司投入了很多资金和精力到研发上，并且进行知识产权的保护。此外，他们还不断去调研海外目标市场消费者的习惯。

其次，就是营销推广的投入，陈总推广的渠道还是传统的广交会等线下渠道，先让海外客户对于自己的产品品牌有非常好的认知，然后再在线上渠道帮品牌宣传，比如说阿里巴巴国际站、独立站、Google 推广，再委托第三方在社交媒体推广商品品牌。

最后也是最重要的是品牌的知识产权保护，比如说专利商标的知识产权保护，为了保护知识产权，陈总投入了非常多的资金和精力。

通过近五年的市场培育和品牌打造，目前陈总的产品在各大跨境电商平台的销售都不错，并且实现了一定的品牌溢价。

（四）跨境电商品牌建设的流程和运营思路

1. 品牌的咨询、建立

品牌的建立和运营是一件非常专业的工作，建立品牌之前一般建议企业卖家选择一个比较可靠的品牌咨询服务机构进行咨询。品牌的咨询和分析要了解下面几个核心的信息：

* 基于跨境电商大数据，了解该行业，比如标杆品牌企业的运营情况等。
* 目标客户、目标市场的分析，找出自己产品的特色和卖点。
* 品牌的定位、价格定位、产品属性定位等。
* 品牌的市场调研，包括行业品牌的数量、品牌规模和品牌市场占有率。

2. 品牌的设计和构成

品牌的设计包括商标设计、海外商标注册、产品包装、店铺形象设计、社交媒体推广内容等，最终形成一个系统的品牌形象。

一整套完善的海外品牌设计包括商标、品牌的颜色、广告语、社交媒体营销内容，还有就是店铺和网站的广告素材。

3. 跨境电商平台的品牌策划

品牌策划对于一个品牌的前期推广非常关键，最常见的做法就是结合热点事件推广自己的产品，拍摄视频去海外的视频网站和社交媒体推广、制造话题。

商家还可以跟海外的网红资源对接，做一些线上线下的活动，制造舆论和话题。

4. 海外线下的品牌推广营销

这件事很多传统外贸头部企业一直在做，比如在广交会、法兰克福等海外展会宣传自己的品牌。有资金实力的外贸企业还可以选择海外电视推广、杂志广告等。

5. 海外独立站官网的品牌推广

独立站代表一个企业的形象，官网的建设非常重要，笔者建议组建专门的团队运营官网，持续更新动态。企业独立站官网千万不要长时间不更新，可以经常发一些打折信息、新品预售信息等。

6. 社交媒体运营是重点

Facebook 是最主流的海外社交媒体，在社交媒体推广运营品牌很重要，笔者也建议有一个专门的团队来做。

社交媒体运营包括内容的传播、话题的制作、评论的回复、舆论的引导、社区粉丝群的建立等。

7. 主流跨境电商平台的品牌推广传播

目前广大跨境电商卖家选择的平台包括阿里巴巴国际站、亚马逊、eBay、Wish、速卖通等，通过这些平台的广告，可以传播产品价值、品牌信息，并且记录非常好的客户评价，有助于打造一个非常好的品牌。

五、跨境电商“在线客服”实操攻略

一个传统制造业的企业主跟笔者交流他们公司运营跨境电商的最大感受，他说传统外贸出口企业长期接受的订单是大额、固定化、线下模式，现在转型做跨境电商，很多一线外贸业务员（包括外贸企业的管理层）在观念上很难转变到碎片化、多频次、注重精细化运营的在线模式。有很多外贸人找笔者交流，问笔者跨境电商的客户服务和淘宝天猫系传统大额外贸的客户服务的区别在哪里？跨境电商的客户服务需要掌握哪些核心的技能？下面就来详细地探讨一下。

（一）跨境电商客户服务是传统外贸的升级版

说到在线客户服务，大家想到最多的可能是淘宝的客服，在笔者的理解中，跨境电商平台的在线客户服务，更类似于传统外贸业务中的外贸销售员。除了C类客户，我们也经常在速卖通等跨境电商平台接触小B类甚至是B类客户，因此，跨境电商本质上是传统外贸的升级版，跨境电商的很多原理和玩法跟传统外贸是相通的。

（二）跨境电商在线客服人员应该具备的能力

1. 专业技能

比如说外语能力、对外贸行业的理解能力，有丰富的外贸专业知识，了解支付、物流、关税等相关内容。

2. 熟悉产品供应链

无论做传统外贸还是跨境电商，要把生意做好，就应该有优质、有特色的产品。作为一个在线客户服务人员，应该对自己的产品非常熟悉，这样才可以履行在线客户服务人员的基本责任，跟客户沟通，引导客户下单交易。此外，对于供应链的了解可以让你在后期的运营中体现更好的竞争力。

3. 熟悉跨境电商平台和跨境贸易流程

如果要成为一个合格的跨境电商在线客户服务人员，首先，应该对跨境电商平台的规章制度非常熟悉，比如说速卖通的招商政策、大促团购玩法等。熟悉平台才可以巧妙利用平台政策。其次，跨境电商的在线客户服务人员要直接面对客户，所以应该对跨境电商的整套流程都非常熟悉，比如说物流、各国的海关清关等。

4. 语言能力及对目的国（地区）消费者的了解

经常看到很多文章说，跨境电商对英文的要求不高，比如速卖通的平台操作界面是中文，而且跨境电商卖家可以使用翻译软件，但是笔者认为如果要精细化地运营跨境电商店铺，英文能力是非常重要的。它不仅仅体现在详细的页面描述，还体现在跟客户沟通、解决消费纠纷中。同时，要做好跨境电商，还应该了解目的国的风土人情，比如做速卖通就应该熟悉俄罗斯和巴西人的性格。掌握这些就可以更好地跟客户沟通，促进销售业绩的增长。

5. 一流的销售能力

刚刚在文章里说了，跨境电商的在线客户服务人员其实是升级版的外贸销售员，一个跨境电商在线客户服务人员水平的高低体现在他的销售业绩和客户满意度上。笔者认为好的跨境电商客户服务人员，应该善于分析客户，有些客户是单纯的零售买家，有些是小额批发商，有些是潜力无限的大客户。跨境电商在线客户服务人员应该通过站内信，及时发现判断这些客户，有差异化地提供服务，引导客户下单。在线客户服务人员要通过自己的专业度、对跨境流程的理解，以及真诚的交流，促使客户下单。如果客户不下单，在线客户服务人员还应该持续地跟进，最终让订单成交，这跟传统外贸是相通的。

6. 引导客户二次下单的能力

要成功运营跨境电商店铺，关键是提高用户的黏度，老客户重复下单的比例决定了店铺成功与否。客户会二次或者多次下单的前提是对第一次订单高度满意，这跟跨境电商在线客户服务人员的专业、耐心分不开。客户的二次开发方法包括打折送赠品、建立客户关怀档案等。

（三）客户争议解决方案

跨境电商的一大痛点就是客户体验差，其深层次原因包括跨境物流效率低、售后难、沟通成本大等，跨境电商购物发生争议后卖家的压力和损失非常大，解决方法很难像淘宝退货这样简单，所以在线客户服务人员解决定单争议的能力尤为重要。

1. 让客户体会到卖家解决争议的诚意

西方消费者非常看重卖家的态度，因为他们的消费理念非常成熟，买家认为卖家感恩买家的购买是理所当然的事情。遇到客户对产品不满意、物流体验差、客户要求退款的情况，你首先要做的是展现出解决争议的诚意，感恩客户，对于客户的遭遇表示理解，并且承诺会积极地解决问题。

2. 了解订单争议的来龙去脉

跨境电商的订单争议最容易集中在物流环节，比如说丢件、产品破损，遇到客户投诉首先应该冷静地分析事情的来龙去脉，注意留证据，比如聊天记录、物流记录，该找物流公司就找物流公司。如果是客户对订单有误会你可以跟客户真诚沟通，请求客户理解。电子数据、聊天证据等应该是解决订单争议的主要工具。

3. 排解客户负面情绪

客户对于订单有争议，对产品不满意，肯定会有很多负面的情绪，表现形式包括给差评、通过社交媒体曝光等，这时候就是考验在线客户服务人员业务能力的时候，笔者刚刚强调的英文能力在这里会充分运用。好的客户服务人员会凭借自己的专业度、语言能力，通过站内信、App 软件、电话等方式跟客户充分沟通，化解客户负面情绪，让客户再次信任你，为争议的解决打下基础。

4. “货物白送，全额退款”

比如从中国发一个到美国的跨境快件，很多时候物流费用比产品本身的价格高很多，很多跨境电商新人考虑到店铺的满意度、好评率和评分，也为了快速地解决客户争议，就直接告知客户，货不要了，钱款全部退给你。这种做法表面上看很豪爽，但恰恰证明了在线客户服务人员的不专业和不成熟，因为这对于卖家来说损失太大，而且也没体现任何客户服务技巧，很多欧美客户反而会感觉你不真诚，因为客户花钱是希望得到真正想要的产品，简单的货物白送全额退款不能提升客户的体验感。

5. 二次免费发货

解决争议的另一个方式是免费再给客户发一次货，这里需要一定的沟通技巧，你可以在客户充分理解的基础上，建议客户承担货物的部分费用，比如一个产品的价格是 100 美元，产品破损了或者是客户不满意，让客户承担 70 美元，大部分客户都会接受，同时二次发货，客户承担的部分加上产品的利润率，有时候可以覆盖住成本。

6. 给客户折扣

这是笔者倡导的一种方式，比如产品破损你可以直接减免部分交易金额，一般来说客户都愿意接受，但是减免的幅度要依靠客户服务人员沟通争取。

7. 严谨的售前服务才是根本

能否把客户的争议率控制在非常低的范围也是考核在线客户服务人员的重要指标，好的在线客户服务人员，在售前就应该跟客户充分沟通，理解客户对于产品的需求，并且预判可能产生的争议点。在发货环节，选择可信任的物流公司，产品及物流的包装必须做到万无一失，最好的体验就是客户一次就满意。

六、中小跨境电商创业者如何突破疫情困境

前文中已经介绍过笔者的公司只是一家普通的外贸企业，但是疫情期间公司的销售额持续增长，其原因有以下几点：

（一）销售行为在线化、数据化

纵横四海公司所有的销售渠道都在线上。疫情期间公司的零售数据持续增长，是因为宅经济成为主流。大家宅在家里不出门，在线采购需求空前爆发。

公司销售团队总结，在线上模式下，我们很容易感知消费者的动向和想法。互联网思维让我们这样一个传统制造企业拥有了超灵敏的市场嗅觉和感知能力，使企业在危机中更具有竞争力和灵活性。

（二）短视频营销更活跃

疫情下，大家都宅在家，抖音、快手、B 站等成了很多人主要的娱乐平台，短视频营销自然也就更加火爆。笔者公司在 2018 年年底布局了短视频营销，有相应的团队在做抖音、快手、B 站等平台的营销，所以我们的营销数据一点不受疫情影响。

纵横四海公司的 DIY 玩具模型需要视频教程，公司年轻的“90 后”“00 后”会自己制作玩具模型，然后将视频发布到平台上。不仅如此，他们还会演绎一些视频小故事，将产品很好地融入其中，比如女生给男生买了一个 DIY 模型玩具，然后发生了一段爱情故事，这些短视频一直非常受欢迎。而此次疫情下这些短视频的流量持续增长，这些流量自然会导入我们的销售平台，DIY 模型玩具的销售数据随之飙升。

（三）有充沛的现金流

纵横四海公司属于阿里巴巴生态系统，现金流非常充裕。一方面，我们本身的电商销售数据没有受影响，另一方面，阿里巴巴有各种各样的中小企业融资服务，所以对现金流我们一点也不担心。

目前，纵横四海公司在淘宝、天猫有四家店铺，其中一家店铺每日的销

售流水近百万元。通过阿里巴巴网商银行“提前收款”在线金融服务，这些销售流水一分钟内就可以到账，而且提现手续费非常低。

疫情下，我们也严格控制公司的现金流。年前海外客户在阿里巴巴国际站下的在线订单动辄几万美元，我们利用阿里巴巴国际站的“流水贷”产品，几分钟内就能收款到账，成为储备资金。这对于很多传统外贸公司来说是很难想象的，他们从客户下单到最终回款大概需要三至六个月。

（四）在线办公是常态

在外贸圈，在线办公一直存在，有了钉钉、企业微信等办公协同工具后，在线办公的效率也在不断提高。

2020 年春节后笔者公司的员工就陆续通过钉钉、微信等开始在线办公，他们在线打卡、在线考核 KPI、在线交易和回复客户。

相对于外贸企业、互联网企业、媒体，很多普通的创业公司对于在线办公比较陌生。很多老板不了解在线办公后该怎么考核员工绩效。

笔者公司很早就导入了阿米巴模式。不同团队有不同的项目、不同的薪酬制度，甚至是不同的股权比例。在比较完善的 KPI 制度下，我们很少考核打卡之类的表面绩效，而是关注结果，比如业务员的销售数据、设计人员的设计结果、运营人员的运营数据等。

有了这样的经营理念和细致的 KPI 制度，在公司办公和在家办公是一样的。

（五）团队稳定，有信心

笔者公司由多个小团队构成，优秀的小团队可以享有公司股权。同时，我们也实行合伙人制度。所以，对于员工来说，公司是大家的。在这样的理念下，越是危急时刻，大家越团结。

同时，面对危机，创业者应该给予团队信心，进一步加强团队的稳定性。比如，让团队队员了解企业的真实情况，关心员工等。

笔者公司视频早会的时候，笔者会告诉大家公司真实的销售数据。虽然疫情当前，但是我们的销售依然火爆，大家自然信心满满。

疫情下，如果员工休假时间过长，容易人心涣散。2020 年正月初二，我们的员工就陆续在线上班，初十就全员到岗，进入工作状态。整个团队齐心协力，做销售、促发展，展现了昂扬的斗志。为了让员工体验到归属感和安全感，我们成立了疫情防控关爱小组，给员工提供防疫用品，并进行一定的安全培训。我们还尽量保留员工岗位，通过开会、团队分享，鼓励大家跟公司一起渡过难关，战胜疫情。

对于创业者来说，我们从来不缺少危机。笔者在创业过程中，就先后经历了非典、2008 年金融危机、内部的机械化转型、经营危机等。但是，创业本身就是一场修行，提升的最佳机会就是一次次危机。经历危机、克服危机、实现蜕变和成长，这就是笔者创业中应对危机的心得。

七、速卖通新手卖家如何快速引流

跨境电商运营的关键是流量和转化，一个新店想在短时间内运营成功，核心就是引流，在探讨如何引流这个话题前先来详细分析一下速卖通跨境电商平台的流量来源：

* 站内搜索流量；
* 类目浏览流量；
* 平台活动的引流；
* 购物车流量；
* 收藏夹流量；
* 直通车流量；
* 老客户直接点击流量；
* 站内其他流量；
* 站外的流量（Facebook、Google 等）。

了解了速卖通平台的流量来源后，店铺的运营工作就应该围绕这些流量来源做工作。

（一）持续系统地学习速卖通平台规则

持续系统地学习平台规则是做好任何一个电商平台的基本要求，因为要做好平台店铺，熟悉平台规则是前提。笔者建议大家每天都通过速卖通大学的视频、速卖通论坛去学习，也可以加一些口碑好的速卖通社群进行探讨交流。平台规则特别是平台的扶持政策不仅仅关系到店铺的流量导入，在某种程度上还决定着店铺的发展。

（二）上架足够多的产品提升店铺曝光率

跨境电商新人一开始运营店铺普遍上架货品不多，理由很简单，因为跨境电商新人资源、资金、运营经验都比较欠缺，但是根据笔者的经验店铺的上架产品数量特别是新店铺上架的产品数量和店铺的曝光率有直接关联。有位温州的老板一开始上架的产品数量是 30 个，根据笔者的建议将数量增长到 130 个后，店铺的曝光率和转化率都提升很多。当然增加产品数量会考验跨境电商卖家的供应链和运营实力，但是笔者还是建议上架产品数量不要低于一百个。

（三）提升产品核心竞争力吸引流量

笔者一直强调店铺想成功“七分靠产品，三分靠运营”，选品决定了店铺的流量，比如蓝海市场的爆款产品，因为有巨大的刚需，店铺搜索流量自然很高。其次，就是产品的价格，虽然速卖通现在的基调是注重品牌和企业，但是在产品有相同品质的前提下，价格还是吸引客户流量的重要因素。

（四）优化非产品因素带来的流量

速卖通优化非产品因素需要做好以下几点：

1. 优质的商品标题增加店铺流量

一个优质的商品标题是吸引自然搜索流量的重要因素，笔者建议通过直通车搜索关键词确定自己产品最精准的核心关键词，并在商品标题中体现核心关键词，一个优质的商品标题的构成包括“商品的款式 + 材料 + 特征 + 核心关键词 + 销售优势（包邮等）”。跨境电商新人还可以多关注一下本行业优质店铺的标题，通过观察学习优质店铺的标题设置可以优化自己的标题，但是切记不要照搬照抄！

2. 商品的类目、属性

正确的产品类目和完整的产品属性设置，目的是引导最精准、最匹配的客户来我们的店铺，越是目标明确、需求精准的客户，带来的流量越有价值，转化率越高。对于速卖通平台的产品属性笔者建议大家都认真地填满，因为这样可以让客户更高效地找到我们的产品，增加产品的曝光，提升店铺的流量。

3. 精细化详情页面的制作

跨境电商详情页面的优化，对于跨境电商运营极为重要，理由很简单，因为相对于国内的淘宝、天猫，跨境电商零售客户更喜欢在不交流的情况下通过详情页面直接下单。根据速卖通的统计，不沟通直接通过详情页面自主下单的客户比例超过80%，因此好的详情页面不仅仅可以更好地帮助客户自主下单，而且可以增加客户的黏性，提升链接的权重，最终提升店铺流量。一般来说好的详情页面包括下面几点：

* 规范优质的详情页面标题；

* 欢迎词；

* 关联营销促销词；

* 视觉冲击力强的优质商品图片，包括商品图片、场景图、应用图等；

* 关联销售图片；

* 常规的交易问答模板；

* 跨境物流的包装图片，通过这样的跨境物流图片让客户对店铺的跨境物流能力充满信心，最常规的做法是在跨境物流包装上站一个人；

* 跨境支付工具选择，每个国家的客户都有自己习惯的跨境支付工具，比如PayPal、信用卡，你应该在详情页面详细说明你接受的跨境支付方式；

* 售后处理流程，在详情页面详细说明如果产品出现了售后问题，如产品破损、质量问题，你会如何解决，让客户打消顾虑，放心下单；

* 实力展示的相关图片，这个在淘宝、天猫的详情页面中经常看到，比如在详情页面展示工厂的照片、车间的照片、样品间，或者产品通过的国际认证；

* 鼓励好评说明图片，你可以在详情页面的最后，引导客户收到货物后若是满意给予5分好评的宣传图片，当然，可以有一些优惠的政策鼓励客户给好评；

* 如果有条件，可以制作一些视频，通过视频展示商品的效果远远比文字图片好。而且后期你可以把这些产品视频放到视频分享网站做站外引流。

总结一下，详情页面是提升店铺转化率和流量的核心，跨境电商卖家应该用心地优化详情页面描述。

4. 学习课程，了解规则

可以参加一些速卖通的官方培训课程，了解速卖通的排序规则，通过SEO（Search Engine Optimization，搜索引擎优化）的方式提升自然搜索流量。

5. 一定要充分利用好橱窗推荐功能

很多跨境电商新人不理解橱窗推荐的价值，当新店铺选择几款优势产品做爆款时，被橱窗推荐的商品将在同等质量的商品中获得优势排名，从而进一步提升曝光率，吸引流量。

6. 联盟营销

对于跨境电商新人来说，联盟营销是一个让店铺流量在短时间内快速提升的营销工具。说到联盟营销大家会有些陌生，其实联盟营销的精髓跟国内淘宝的“淘宝客”和“阿里妈妈”非常类似，关于速卖通联盟营销的具体玩法大家可以去看看速卖通的视频教程。联盟营销对于跨境电商新人的价值在于，它是一种按效果付款的推广模式，可以快速提升店铺爆款产品的流量。加入速卖通联盟营销之后，商品除了在速卖通的专有渠道曝光外，还有速卖通联盟专属的额外曝光。加入速卖通的联盟营销不需要支付任何的费用，推广过程完全免费，成交才付款。关于联盟营销提醒大家一个关键点，跨境电商新人一旦加入联盟营销，那么店铺所有的产品都变成联盟产品，店铺中任何一款产品通过联盟渠道成交，都需要支付联盟佣金！

7. 站内活动

参与速卖通的平台活动是跨境电商新店铺快速提升流量最立竿见影的方法，但是一般来说速卖通的站内活动都会对参与店铺有一定的要求，比如说销售量、DSR（Detail Seller Rating，卖家服务评级系统）的分值等。跨境电商新人应该留意速卖通的平台活动，具体的报名路径是“营销活动—平台活动—可参加的平台活动—我要报名”，包括团购、秒杀活动等。

8. 站外引流

站外引流也是跨境电商新店铺快速提升流量的重要方法，站外引流的原理跟我们做B2B推广类似，笔者非常看重Google推广和Facebook等SNS社交媒体推广。2020年大火的推广方式还有直播和网红推广，比如阿里巴巴速卖通官方合作的ITAO网红直播引流、视频分享引流、图片分享引流等也是主要的站外引流方式。

第三节　玩转社交媒体营销

一、跨境电商如何玩转 Facebook 营销

要聊关于 Facebook 的运营知识，笔者先简单聊一下 Facebook 的全球影响力，了解了 Facebook 不可阻挡的趋势，你就能理解为什么作为一个外贸人，我们必须选择 Facebook 做海外营销。

（一）Facebook 是外贸人海外营销的必选平台的原因

在现如今的外贸形势下，流量的特点是什么？

* 流量变得越来越贵，这点做阿里巴巴的同学最有体会，P4P 直通车需要投入的费用让人心惊肉跳。Google Adwords 的营销投入也是水涨船高。

* 获取流量的渠道变得越来越分散，这也是流量的发展趋势之一，特别是随着跨境电商的流行，订单的碎片化越来越严重，跨境电商的流量变得越来越分散。

* 流量的获取变得越来越难，流量除了越来越贵，还有就是越来越难获取，近期电商平台对于信息发布、信息规范、图片质量等要求越来越高，无论是 B2B 平台还是 B2C 平台，都将资源向大卖家和品牌卖家倾斜。

* 同质化严重，买家的忠诚度、黏性越来越差。

* 内容营销成为营销趋势。

而通过以 Facebook 为代表的社交媒体的营销，外贸人可以海量、高密度地获取客户信息，通过内容互动跟海外客户建立信任关系。其实，无论是传统的广交会还是阿里巴巴、Google 等渠道，仅仅包括了非常少的一部分客户资源，在跨境电商订单碎片化的大趋势下，Facebook 为代表的社交媒体平台拥有更大的客户基数。

Facebook 有点类似于中国的微信，但是它比微信有更大的优势，因为微信是封闭的，只有互加好友后才能沟通，而 Facebook 中你有很多办法可以看到他人的动态、最新消息，并通过一系列的营销达到完成外贸销售的目的。

所以，海外社交媒体营销是必然的选择。

（二）哪类外贸企业适合 Facebook 营销

Facebook 营销对于产品和外贸企业有一定的要求，一般来说如果你想选择 Facebook 开展海外营销，你的产品应该符合下面几个特征：

1. 产品图片有视觉冲击力

Facebook 作为一个社交媒体平台，你在上面推广的产品最好属于时尚类，比如服装、化妆品、其他时尚用品。此外，消费类电子产品也适合社交媒体推广，图片视觉冲击力强，反之机械类、重工类产品不适合在 Facebook 营销传播。

2. 目标客户的年龄在 15 岁到 45 岁之间

社交媒体平台中最活跃的群体的年龄层集中在 15 岁到 45 岁，所以在 Facebook 营销的时候要考虑自己产品的目标客户的年龄层。

3. 应由专业团队维护

很多外贸人反馈说 Facebook 运营效果非常差，有些人做了一段时间就放弃了，其实 Facebook 等社交媒体信息更新极其快，要维护和客户的有效关系你就应该及时更新、持续跟踪，最好有专业的团队运营，投入大量精力和心力。

（三）关于 Facebook 页面注册的注意事项

* 最好选择台式电脑注册 Facebook，因为在中国境内用手机注册进度很慢、流畅度较差。

* 最好用工作邮箱地址注册 Facebook 主账号，在注册 Facebook 的过程中有一个步骤就是邀请邮件好友，如果用工作邮箱注册 Facebook 主账号，邀请好友成为粉丝自然容易得多。

* 注册信息，特别是生日信息尽量真实，若是遇到封号，需要验证信息的时候 Facebook 很有可能会验证你的生日信息，所以你在注册的时候一定要提供真实信息。

（四）如何设置 Facebook 账号

1. 设置有吸引力的、职业化的头像

玩转 Facebook 营销头像是你要设置的第一部分。首先说一下，Facebook

以真实社交为原则，所以 Facebook 账户头像应该是真实的头像，同时，Facebook 营销的目的是为了销售产品，所以头像最好跟外贸相关，比如在迪拜展或者法兰克福展参展的照片。当然头像最好选择颜值最高的那张照片。

还有你不要选择一些不符合 Facebook 标准的头像照片，比如说违规的照片、不符合主流的照片。

2. 设置目标市场所在地址

这也是一个设置上的小技巧，比如你的目标市场在美国，你可以把你的地址修改成美国的某个城市，这样你跟美国 Facebook 客户交流的时候可以有更多的话题。

（五）Facebook 如何快速增加粉丝

对于 Facebook 新手玩家来说，运营 Facebook 的第一步就是增加粉丝量，其方法跟国内的社交媒体平台的方法类似，核心还是靠优质的内容。关于 Facebook 增加粉丝的方法总结如下：

* 优质内容吸引粉丝；
* 与客户互粉，比如参加交易会、展会时引导客户加 Facebook；
* 通过注册邮件导入关联粉丝；
* 寻找潜在海外买家；
* 同行的 Facebook 中寻找海外买家；
* 付费向第三方购买粉丝。

1. 发布优质内容，积极互动

定期在你的 Facebook 主页发布有吸引力的内容，并且及时与留言的人互动。

发帖的时候要避免发过多的产品广告，因为没人愿意阅读赤裸裸的广告，所以你要抱着分享的心态开始 Facebook 运营。发帖内容可以契合热点，比如美国大选、体育比赛、美洲杯等话题，在谈论话题的时候适当导入自己的产品。还有就是持续地更新信息，最好有规律性，还要跟粉丝及时互动沟通，这是发现商机的最佳途径。总之，保持社交账号的活跃度是一切营销的基础。

2. 多渠道推广 Facebook 账号

这个方法刚刚分享过了，比如参加交易会、展会的时候可以向客户推送

Facebook 账号，在阿里巴巴网站、跨境电商网站，如速卖通、Wish、亚马逊、eBay 等鼓励买家加你的 Facebook 账号。此外，也可以在其他社交媒体平台分享你的 Facebook 账号。

3. 做 Facebook 的付费广告

外贸人做 Facebook 营销，目的是挖掘有价值的海外客户，所以可以建议公司投入一些资金，做 Facebook 的付费广告，推广你的 Facebook 账号，这对于增加粉丝量是非常有帮助的。

你也可以在 Google 上推广 Facebook 账号，引导客户加你的 Facebook，或者用邮件广告推广你的 Facebook。

4. 开展一些让利营销活动，让粉丝得利

让利营销活动在 Facebook 营销过程中非常普遍，一个哥伦比亚小伙子曾经在 Facebook 宣布把自己拥有的所有东西都免费送，包括家里的汽车、电视机、家具等，瞬间这个小伙子在 Facebook 上的人气大增，最终，大家发现这是一次由家具连锁超市赞助的活动。同样的逻辑，你可以通过 Facebook 做一些跨境电商店铺的营销让利活动，短时间内吸引人气。

5. 不断学习，保持 Facebook 内容的新鲜度和原创性

你应该持续地学习，关注热点，并且结合自己的产品开展营销，持续发布原创、有趣的内容，保持新鲜度并且跟粉丝互动，这才是社交媒体营销的制胜法宝。

二、如何做 Facebook 引流和大客户开发

笔者从一个国外家庭主妇在 Facebook 卖服装的故事开始说起。这个家庭主妇的名字叫 Victoria，来自英国，她在生完孩子以后，发现自己的身材有些变形，为了处理一些旧衣服，Victoria 开始在 eBay 上注册了一个店铺卖自己的旧衣服。

Victoria 在做家庭主妇之前是一家医院的护士，她除了拥有护士的细心外，更拥有靓丽的外形，所以她在 Facebook 上自己做模特展示自己的旧衣服，没想到这竟然引发了很多人的讨论。

经过一年多的 Facebook 分享，细心的她发现了一个“蓝海”市场，那就

是为生完孩子后处于身材恢复期的新妈妈量身定制他们喜欢的衣服和裙子。于是 Victoria 坚持自己做模特，不断在 Facebook 分享自己做妈妈的经验，以及着装体验，最终，她通过 Facebook 积累了近四十万粉丝，一年卖出八十多万英镑的订单。然后她注册自己的品牌，现在很多英国的名人都是她店铺的粉丝、忠实的用户！

说了这个英国家庭主妇成功运营 Facebook 的故事，你问问自己，作为外贸人，你对于 Facebook 有多了解，你有没有开始运营 Facebook，如果运营了 Facebook，你的运营效果好吗？

如果你还在犹豫做外贸是不是必须运营 Facebook，那笔者就先跟你分享下面几组营销数据。

一家著名的营销公司在全球范围内对超过五万家营销机构做调研发现，受访人群中超过 95% 的人表示会使用 Facebook 作为营销工具，使用其他 SNS 营销工具的比例如下：

Twitter（68%）、LinkedIn（56%）、Instagram（54%）、YouTube（45%）、Pinterest（30%）、Snapchat（7%）。

除了 Facebook，大部分 B2C 营销人员使用 Instagram、Facebook 和 Pinterest 开展营销。大部分 B2B 营销人员使用 LinkedIn 和 Twitter 开展营销。

Facebook 是最常用的付费社交营销渠道（93% 的受访者曾在 Facebook 上发布付费广告），Instagram 排名第二（24%），LinkedIn 是第三大付费社交营销渠道（16%）。

使用 Facebook 付费广告的 B2C 营销人员比 B2B 营销人员多。使用 LinkedIn 付费广告的 B2B 营销人员比 B2C 营销人员多。

三、中国外贸企业在 Facebook 上推广营销的好处

在笔者看来，外贸公司在 Facebook 建立自己的主页有下面几点好处：

（一）让客户更立体、全面地了解其公司

这有点类似于中国的微信社交，比如一个陌生人加你微信以后，如果他想全面透彻地了解你，他就会翻你以前的朋友圈。Facebook 的原理也一样，

比如你做美国市场，几乎每个人都有自己的 Facebook 账号，通过在 Facebook 建立主页，客户可以全面、深入地了解你。

（二）客户的黏度会变得非常高

Facebook 特别适合跨境 B2C 运营，在 Facebook 上发帖，通过文字、照片、视频和转发链接，以及粉丝评价和互动，你很容易跟客户和潜在客户产生关联，进行情感交流，这样建立起的关系，能让你跟客户变得更紧密。

（三）通过粉丝互动建立企业品牌和交流社群

根据笔者的调研，目前国内很多品牌企业都有专门的团队在运营 Facebook，你不仅仅可以通过 Facebook 吸引流量，还可以通过它建立立体的品牌形象，进而提升自己企业的影响力和传播力。

四、“从 0 到 1”运营 Facebook

Facebook 运营新人首先要搞清楚一个非常基础也非常重要的知识点，那就是 Facebook 公众主页和个人主页的区别。

Facebook 的个人主页代表个人，不能用于商业用途，而公众主页是为企业和组织提供的展示自我的平台，拿中国的微信举例，个人主页类似于微信朋友圈，公众主页类似于微信公众号。

每个注册 Facebook 的用户都拥有一个账号，每个账号可以拥有一个个人主页，管理多个公共主页。

（一）如何创建自己的主页

外贸企业在 Facebook 主要是做品牌宣传和客户引流，公共主页可以让企业分享动态、和用户交流，具体的操作是点击 http：//Facebook. com/pages/create，Facebook 会让使业者选择商家类型，你选择“公司组织或机构”即可。

当然如果你连 Facebook 账号都没有，你必须看下面的操作流程：

第一步：登录到 http：//Facebook. com 注册一个账号，Facebook 也有中文页面，建议你选择中文页面编辑。

第二步：完善个人信息。

编辑路径如下："profile" – "info" – "edit"，个人信息要真实、详细，因为这类信息写得越详细，后期在社交中的优势越明显。理由非常简单，因为 Facebook 是一个倡导真实社交的平台。

第三步：邀请好友。

注册 Facebook 账号以后，可以通过它与工作邮件、Skype 的关联加入你的首批好友，同时首批好友也是你含金量最高的粉丝，因为这些都是与你有商业关联的人。Facebook 也提供类似于微信加好友的方式添加好友，操作很简单，输入对方 ID 就可以添加。邀请好友后你就可以开始 Facebook 海外营销了。

目前，外贸企业通过 Facebook 开展营销有两个内容需要设置，第一个是刚刚说的企业公共主页，还有一个就是核心的营销环节 GROUP（群组）。

第一步：打开 http：//Facebook. com/pages/create. php，建立企业页面，并且编辑企业信息，这类企业信息建议尽量写得详细、真实、有个性、吸引眼球。

第二步：编辑完企业信息以后，点击"发布（publish）"按钮来发布企业内容。

很多人跟笔者交流说他们 Facebook 的企业页面运营效果不好，其实 Facebook 营销的关键是内容营销，所以要发布有吸引力的内容，切记不要发单纯的广告。

发布内容方面笔者公司的经验有下面几点：

* 文案结合热点，比如从圣诞节、情人节等热点话题开始写文案，在写热点的同时结合自己的产品，比如笔者公司是做礼品的，我们 Facebook 公众页面的第一篇文案就是写我们给一个美国客户定制一批礼品的故事。

* 颜值担当，你可以让你公司颜值最高的女生做主播分享产品故事和企业故事。

* 充分运用讨论区和 YouTube 等丰富页面，让页面有图片、有故事、有视频等。

＊ 及时更新 Facebook 页面内容，抓住热点和眼球。

＊ 让粉丝参与互动。

＊ 给粉丝利益和实惠。这点在 Facebook 营销过程中非常重要，笔者公司的经验是经常在 Facebook 发布一些有吸引力的折扣链接，比如笔者公司的亚马逊店铺有一款圣诞礼品的标价是 80 美元，我们经常在 Facebook 页面标价 3 折，甚至买一送一，引导粉丝和用户评论。当粉丝参与了我们的页面评论，Facebook 的"病毒营销"就开始啦，Facebook 会以"NEW FEED"的形式将这个评论发布给他们的好友，一层又一层，一波又一波，不断地传播我们的商业信息。

（二）花钱做 Facebook 的商业广告

关于 Facebook 相信你们一定看了很多所谓的干货，笔者告诉你们其实最好的干货就是你花钱做广告，这个原理和你做淘宝直通车类似，淘宝运营技巧谈得再多，引流还是要靠直通车，所以你要在 Facebook 推广你的商业信息，还是要在 Facebook 投入广告！

第一步：打开 http：//Facebook. com/advertising 页面，登录进去以后创建一个广告。

第二步：设置目标用户和点击收费模式，Facebook 的收费模式类似于点击收费。

（三）Facebook 的群和页

Facebook 的群和页跟中国的微信类似，笔者认为群和页比较适合跨境 B2C 卖家使用，因为，这类群组讨论话题比较多，比较零散。

（四）对新人运营 Facebook 的几个建议

外贸新人要运营好 Facebook，其核心还是要了解 Facebook 的理念和运营原理。下面笔者给新人总结几条建议：

＊ Facebook 是社交工具，Facebook 的诞生就是为了解决社交问题的，所以运营 Facebook 要抱着社交的心态。Facebook 不是单纯的广告媒体，先社交再做营销。

＊ Facebook 非常强调互动和分享，它通过信息排名鼓励原创、优质的内容，所以如果长时间发单纯的广告，特别是重复的广告肯定做不好 Facebook。

＊ Facebook 的广告推广逻辑跟直通车有区别，淘宝的直通车就是靠点击收费，而 Facebook 的广告是靠优质的内容带来流量，成本低、转化率高。

＊ Facebook 的大数据理念，通过大量的数据分析，实现了商家的精准匹配。

（五）哪些情况下 Facebook 账号会被封号

最近有一个粉丝问笔者，他的 Facebook 账号被封号了怎么办，其实玩游戏就应该了解人家的游戏规则，如果要运营 Facebook 以下几点千万不要做：

＊ 频繁过快地加好友；

＊ 加群过多、过快；

＊ IP 地址频繁变动；

＊ 虚假的注册信息；

＊ 内容违规；

＊ 主动频繁地给陌生人发信息。

五、网红直播和短视频营销

直播带货模式在国内电商领域已经做得比较成熟了，疫情期间抖音、快手等短视频平台更是迎来了难得的发展红利期，带货主播李佳琦和薇娅等更是拥有比明星更高的商业价值。直播带货也确实给广大中小企业带来实实在在的销售业绩。

目前传统的外贸在线平台的流量已经看到了“天花板”，而直播的热潮已蔓延到海外，2020 年中国在线举办广交会，更是把外贸直播推到了一个新高度。

（一）中小外贸企业如何做海外直播

对于很多外贸企业来说，不是这次疫情，别说海外直播怎么玩，连国内的视频平台都不了解，所以大家要做好海外直播，首先应该进行系统的学习和培训。

下面笔者来介绍一下海外主流的直播短视频平台有什么。

海外的直播和视频平台基本上被几大电商巨头控制。比如说 Facebook、Twitter、YouTube、Instagram 等。

海外的直播在赢利模式上跟中国的直播有很大的区别，海外的直播更注重娱乐性，也没有打赏和刷礼物等赢利模式。

海外的视频平台关注企业传播的内容，通过传播跟企业相关的有价值、有意思的视频，可以扩大企业的影响力，最终提高转化率。

对于中国的外贸企业来说，做视频直播可以有下面几类选择，首先还是各大跨境电商平台的直播平台，比如说阿里巴巴国际站、速卖通、亚马逊、Lazada 等都有自己的直播平台，这些主流的电商平台也有非常完善的直播培训。这里重点来说一下抖音国际版对于外贸企业的价值。

（二）抖音国际版最适合中小外贸企业

关于跨境电商的直播平台，抖音国际 TikTok 是笔者首推的平台，理由是抖音作为成长于国内的短视频平台，相对于 Facebook 等海外平台，更适合中国的中小外贸企业。

目前抖音国际版在海外的扩张速度非常快，在欧洲和美国的年轻人中使用 TikTok 成为风潮，而欧洲和美国恰恰是外贸企业出口的核心目标市场。此外，抖音国际版在日本和东南亚发展得也非常好，并且本土化趋势非常明显。

（三）在抖音国际版中如何赚钱

对于很多国内直播来说竞争已经如火如荼了，所以未来几年海外直播有巨大的市场机会。在抖音国际版中可以通过以下几种方式获得收益：

1. 海外粉丝的打赏

在抖音国际版开通直播至少需要有 1 000 个粉丝，直播中粉丝可以赠送虚拟货币，成为个人的收益。所以，你可以通过生产制造有意思、有价值的视频吸引更多流量，直接产生收益。

2. 直播带货

抖音国际版的盈利模式中，最立竿见影的还是直播带货，这和中国的带货是一样的，首先你应该具备相当数量的粉丝，并且这些粉丝具备消费能力。

除了要有足够的粉丝，还应该搭建一个第三方的店铺，目前海外用得比较多的第三方带货平台是 Shopify 电子商务商店。当然，你也可以给网友提供主流跨境电商平台的店铺链接，比如速卖通、阿里巴巴国际站等的链接。

对于抖音国际版的带货，首先应该对粉丝进行精准的分层，有针对性地推荐商品，这样转化率才是最高的。其次，尝试建立自己的粉丝互动群，最后，也可以跟工厂合作拍摄 TikTok 视频来销售自己的产品。

（四）外贸企业如何选择海外主播

1. 选择第三方中介

首先如果你对于海外直播没有经验，建议你找一些第三方网红直播中介平台选择符合自己需求的网红进行直播，目前亿邦动力的思路网就提供类似的电商直播的中介服务。

2. 判断网红的粉丝的价值和定位

网红的价值就是他的粉丝量，但是目前网红的粉丝量真真假假难分辨，没有足够的粉丝量自然产生不了太多的销售，普通的中小企业往往缺少判断粉丝量的能力，建议选择第三方服务机构判断。关于粉丝的定位，比如你是卖剃须刀的，你应该选择的网红的粉丝要以男性居多，而且年龄层级符合你产品的定位。

3. 直播场景的建立和应用

任何一个网红直播都有他的直播背景和应用场景，中小企业直播带货不属于娱乐直播，网红直播的背景应该符合你的产品。关于这点可以参考前几年大火的电视直播，比如“湖南卫视快乐购”电视直播等。

直播的背景是专门为产品搭建的，然后通过主播的宣讲，描述出产品的应用场景，最大限度地激发消费者的购买欲。

直播带货的背景有专门的服务公司做，如果外贸企业没有经验，建议找第三方服务公司做。

（五）跟网红直播谈业绩分成模式

对于广大外贸企业来说，直播带货最关心的一点就是业绩分成，目前网红直播的合作模式大概有下面几种：

1. 单纯的话题营销，增加品牌曝光

这个一般是粉丝量级非常大的网红和大品牌商之间合作的模式，比如李佳琦、薇娅这样级别的网红。首先品牌商充分肯定网红的粉丝价值，与网红一起制作与品牌产品相关的视频，曝光产品品牌。

同时，生产制作有话题性的视频，达到宣传品牌的效果，而网红根据自己的粉丝价值事先跟品牌商谈好价格，这个价格完全取决于市场和买卖双方的约定。这样的模式不直接产生销量，所以只适合大品牌商，不适合急于卖货的中小企业。

2. 服务费 + 佣金

这是目前直播圈最常规的一种合作分成模式，一般来说找一个成熟的网红直播，她/他会报一个服务费或者基础费用，这些基础费用与销售业绩无关。基础费用根据市场和网红的粉丝量决定，区别很大，少的几千几万元，多的几十万甚至上百万元。

这些费用还跟网红公司的配备和运营模式相关联，比如网红需要化妆、运营团队，有些网红做直播带货之前还需要做第三方付费引流和优化推广服务。

另外一个费用就是销售提成，一般是 10% ~30% 之间。对于跟网红签订的合作协议，建议中小企业找第三方律师参与，合同条款要写得清清楚楚，明明白白，因为直播带货的争议和后期纠纷非常多。

3. 单纯的佣金模式

很多网红都不愿意采用这种合作模式，理由非常简单，因为网红承受的风险更大，网红选择这类合作模式一般比较谨慎，需要看店铺的销售数据，比如淘宝店铺六个月的销售数据、店铺的评价分数、有没有上过聚划算等团购的案例数据，价格是不是全网最低等。因为这个模式网红承担的风险更大，所以抽佣金自然也最高，一般是 35% 到 50%，甚至更高，所以中小企业选择这样的合作模式应该考虑企业的实际利润。

4. 参考以往案例及竞争对手的案例

你可以让网红提供以前的带货案例和直播案例，这些案例应该是真实的，数据可以调研到，比如说具体哪家公司委托他做过直播带货，直播带货的数据是多少，最终产生了多少销售数据。建议让网红提供多维度的案例作为参考。

你也可以看看其他竞争对手同一个级别的网红带货的销售数据，多做一些市场调研让网红直播带来真实的销售效益。

（六）外贸企业选择网红带货的注意事项

很多中小企业在疫情下才被迫选择网红带货等电商新模式，所以大部分企业对于网红带货不太了解，普通的外贸企业选择网红带货必须要符合自己企业和产品的实际。

选择网红直播带货的时候首先可以选择浅层次的合作，比如可以让网红先了解一些企业和产品的情况，然后在他的 Facebook 发布一些产品内容，或产品折扣等信息引流。等跟网红有一定的了解，并且彼此产生了一定的信任以后，再进行实质的合作。合作过几次非常有价值的直播带货后，再逐步加大合作力度，甚至让其作为品牌代言人等。

其次，不要盲目跟风，因为对于很多 B 端客户来说，不是所有的产品都适合做直播带货，比如说工业品、非成品、化学液体等，目前网红直播做得最好的品类还是电商特征比较明显的产品，比如美妆产品、衣服等。

再次，产品的实际价格，前面的文章大家都看到了，网红带货需要大比例的利润和业绩抽成，普通的外贸出口企业利润已经非常微薄了，再通过网红带货，被网红抽走大头是否合适，这也是广大外贸企业应该深度思考的问题。

最后，网红公司的实力、诚信度，目前网红的业务素质良莠不齐，有些所谓的网红就一个人，一间出租房，没有固定资产，合作以后若是有贸易纠纷、经济争议，不能很好地解决，所以，笔者建议还是选择一些有实力、诚信度高的网红公司。

六、流量爆款产品的运营秘籍

很多传统外贸人跨境电商创业以失败告终，他们很困惑为什么会失败。其实跨境电商运营成功的因素有很多，人才、资金、平台选择，但是笔者认为做好跨境电商的第一步是进行正确的选品。如果选品错误，很可能在跨境创业之初就走了弯路，投入了大量的人力和资源，最终却失败。作为中国最早一批跨境出口电商的实践者笔者总结了一些自己的跨境电商运营经验，对于跨境选品的具体建议如下。

（一）正确选品的宗旨

其实做电子商务无论是做 B2B、B2C 还是现在最火爆的跨境电商，选品的核心原理都是一样的，就是质量、价格、符合目标市场需求，并且突出自己的竞争优势。跨境选品首先应该选择一个符合自己网店定位的，有很好的市场需求，最好是能满足特定外贸市场需求的产品，但是应该避免进入红海市场，要有自己的选品特点。选品的最终价值是实现三方共赢，包括供应商、终端买家、跨境卖家。其中供应商的选择最为重要，因为供应商的产品价格、质量、款式决定着跨境店铺的存亡。

（二）跨境选品的实操细节

跨境出口卖家的选品应该遵循下面的思路：

1. 行业背景的客观分析

现在做跨境电商的人很多之前都是做传统外贸的，做过传统外贸的人一般都有一些外贸优势，比如说有几个熟悉的供应商，了解国际物流渠道，对于传统的 B2B 网站运营有一定的理解。还有，做过传统外贸的人对于外贸市场的情况有自己的理解，比如说美国、欧洲市场的前景和产品需求。其实跨境电商并不是什么高深莫测的新模式，仅仅是传统外贸的一次升级和转型，所以传统外贸的经验和优势对你做跨境电商非常有价值，你应该梳理一下你的核心优势是什么，并且应用到跨境电商上面。

2. 跨境店铺的个性化定位

跨境店铺的定位包括店铺的目标市场、目标客户需求、店铺经营者的核心竞争力。店铺定位的第一步就是对目标市场和目标客户进行调研。你可以通过跨境平台对行业进行调研，比如在速卖通输入产品关键词，看一下某个产品具体的销售数据，其市场竞争是不是充分。但是核心还是要运用数据分析工具，比如速卖通的数据纵横工具。你一定要善于运用数据工具判断市场和选择产品品类。

选择跨境产品之前必须看数据分析，如果在数据调研不充分的情况下选择了一个产品，后期会非常被动，比如你卖的产品的款式已经过时等，这样后期推广就非常累，而且需要投入的成本也非常大。数据调研的价值在于你可以从各个层面了解产品的需求、定位和市场前景，所以数据是商业成功的基础。从店铺定位来说还应该考虑下面几个因素，选择的产品线必须考虑到长期的运营，每个子类目的产品数量要有一定的规模，品种应该丰富，产品的价格应该有层次，比如有高中低的价格定位，产品有做品牌的潜力。

3. 海外市场的需求分析

其实每个跨境出口平台都有自己的市场定位，比如说亚马逊的主流市场在美国，速卖通的市场在俄罗斯和巴西等新兴市场，所以一定要做好跨境店铺海外市场的调研工作。对于目标市场的需求分析调研一般要结合第三方的数据，比如说网经社的某些跨境行业数据，行业协会、行业展会的信息等。你应该选择最适合自己产品的目标市场，并且定期对目标市场进行需求分析。

（三）跨境选品的方法介绍

1. 将跨境电商平台作为搜索平台确定热销产品

这是目前很多个人跨境电商卖家的做法，比如进入速卖通网站，输入某个关键词，速卖通的搜索框就会出现“HOT SEARCHES（热门搜索）”的关键词，把这类热词与第三方数据工具结合就可以得出很好的结论。

2. 浏览国外网站选择热销产品

你可以经常浏览一些行业的网站，比如通过 Google 输入关键词搜索一些目标市场的网站，点击进入这些海外网站的热销排行，看看最新款式的产品。笔者认识一个 Wish 卖家，她选择品类的方法就是模仿英国的一个行业网站发布的产品，因为这个英国网站的产品大部分都是从中国进口。她通过关注这个国外网站，选择最热销的产品，取得了非常好的效果。

3. 社交媒体的热词

跨境电商店铺生命力的源头是终端客户，现在最大的市场需求信息聚集地就是社交媒体，比如 Facebook、Twitter、Pinterest，你应该关注这些国外社交媒体的热点，比如你是做化妆品的，你可以关注社交媒体谈论最多的化妆品款式和品类。一句话，抓住了社交媒体你就抓住了市场风口。

4. 进入速卖通等跨境平台学习榜样卖家

对于很多跨境电商小卖家来说这个方法最立竿见影，比如你想做某个产品品类，通过关键词搜索到一个榜样店铺，你可以研究分析买家页面找到很多跨境选品的商机，如爆款产品的标题、关键词、市场定位、市场活跃度等；还可以查询类似于淘宝交易记录的买家记录，通过这些记录了解产品的客户来源、买家满意度、买家评价。你也可以通过研究榜样店铺的成长性来学习怎么运营爆款。

5. 如何选择一款赢利的商品

选择跨境电商进行创业，肯定需要考虑店铺的赢利问题，很多跨境新手店铺看上去现金流很多，但是未必赢利，或者赢利能力不强，所以对于跨境新手卖家来说应该搞清楚如何计算产品的利润率。

一般来说产品的利润率公式是这样的：

产品利润 = 零售价格 – 供应商报价 – 国际物流成本 – 综合成本（人工成本、平台费用、包装成本、P4P 推广成本等）。你可以选择一个榜样店铺的一款产品看他的商品价格、销售业绩，再在 1688 选择一个同类供应商了解一下进货价格，算一下综合运营成本，基本上就可以算出这个产品是不是有利润，赢利能力怎么样。还有一个要点，一般来说优质的跨境商品会有 5 ~ 10 倍的利润。

6. 打造自己的产品线

跨境店铺的选品结构是这样的：20% 引流产品，20% 核心赢利产品，60% 常规产品。产品线之间应该有关联性，这样对于客户来说比较方便，也可以增加客户的黏度。但是，产品线不能拖得太长，因为产品线太长会有库存问题，对于运营来说有很大压力。产品线打造的核心是在市场实践中不断优化和调整，比如根据日常的数据、客户反馈、竞争对手的销售情况打造出符合自己情况的产品线。

7. 爆款产品的选择方式

爆款产品是店铺生存的核心，它不仅仅可以带来持续的现金流，还可以帮店铺建立稳定的客户群体，增加客户对店铺的信任，有助于店铺打造品牌。你可以选择一个跨境电商平台比如速卖通，找到自己行业的榜样店铺，选择一个最热销、评论最高的商品进行单品分析。这里可以运用一些数据工具，对于爆款你应该了解产品下面几个因素：

* 产品的利润率是多少；
* 榜样店铺该产品单日的销售数据；
* 店铺流量转化率。

8. 如何打造爆款产品

每个店铺都应该有自己的爆款产品，打造爆款产品需要做下面几点：

* 稳定的供货能力、库存量，因为要去打仗子弹必须充沛；
* 店铺的运营推广策划，包括页面的设计、平台内 P4P 的运营推广、SNS 的推广策划；
* 绝对优质的服务和客户好评，你需要关注产品品质和客户服务，让客户满意；
* 跨境物流的体验，要做爆款必须与体验度非常好的跨境物流公司合作，且最好有海外仓计划。

第七章　跨境电商支付工具和数字化货币的趋势

第一节　跨境电商支付工具

2020 年疫情下，海外消费者的消费行为更多转向线上。所以 2020 年海外在线支付迎来了一个新的浪潮。

前文中笔者谈到跨境电商运营的核心是店铺的流量和转化率，但是，支付工具也是影响海外消费者下单购买的重要因素。

一、选择合适的支付工具

目前跨境电商市场的支付工具非常多，比如说 PayPal（贝宝）、信用卡、西联汇款、速汇金、阿里巴巴国际版的支付宝等。还有越来越多的移动支付工具正在兴起，比如苹果的 Apple Pay 和 Google Pay 等。

一般来说，选择合适的支付工具应该考虑下面几个因素：

* 你应该在网站选择目标市场认知度高的支付工具，比如欧洲和美国市场 PayPal 最主流。

* 选择买家熟悉放心的支付工具，提升买家的购物体验和网站的转化率，促进二次销售。

* 选择特定目标市场的个性化支付工具，比如俄罗斯、巴西、越南和一些非洲国家要选择本地支付工具等。

二、独立站支付工具的问题和缺点

平台一般都会有主推的支付工具，比如 eBay 主推的是 PayPal，阿里巴巴国际站主推的是国际版支付宝。2020 年独立站兴起，独立站中支付工具的选择更多、更专业，下面我们来聊一下，独立站支付工具选择的问题。

很多独立站是面向全球推广，但是支付工具只有美国消费者熟悉的 PayPal，这是不太合适的，你可以在网站设置一些拉丁美洲、南亚的本土支付工具。

目前不同国家消费者的支付习惯和使用的支付工具是有很大区别的，比如说 PayPal 主要在欧洲和美国流行，德国在线消费者更喜欢用转账支付，巴西的消费者，更喜欢用自己本土的支付工具 Boleto，荷兰也有本土的支付工具叫 iDEAL，在澳大利亚，消费者更喜欢使用 POLi，甚至有一些海外消费者，习惯货到现金付款，比如俄罗斯的偏远地区。

笔者举一个真实的案例说明支付习惯对于消费者采购行为的影响，记得 2018 年笔者去日本旅行，逛了几家店铺，前面几家价格便宜，但是要使用日元付款，后面一家店铺虽然价格比前几家贵，但是可以使用支付宝付款，因为在国内笔者已经习惯了用手机支付，如支付宝和微信支付，所以笔者选择了最后一家。实体店铺选择的支付工具影响消费者的行为，在线消费更是如此。

比如一个中国卖家做澳大利亚市场，在网站设置了澳大利亚人最喜欢的本土支付工具 POLi，与其他产品价格一样的网站相比，客户肯定选择符合自己支付习惯的网站下单。

三、主流跨境电商支付工具深度解析

选择跨境电商支付工具，要从下面几个方面考虑，比如说目标市场的接受度、安全性，还有手续费、收款的速度和效率等。现在笔者来详细分析一下目前主流的跨境电商支付工具的优点和缺点。

（一）TT 和电汇

其实做跨境电商，中国卖家接触最多的付款方式是 TT 这样的传统付款方式，它的优点非常明显，客户先付钱到卖家账号，最大限度地保证了卖家的利益。

最大的缺点在于，在担保交易成为主流的交易模式的情况下，先付款后发货影响在线店铺的客户转化率，而且传统银行的手续费比较高，大额交易资金到账比较慢。目前 B 端卖家还是选择这样的付款方式比较多，但是 C 端买家不太适应。

（二）阿里巴巴国际站的信保付款

对于广大外贸出口企业来说，目前用得最多的还是阿里巴巴国际站这样的外贸电商平台，2020 年国际站主推的在线交易模式是阿里巴巴国际站信保服务。

很多人不理解什么是阿里巴巴国际站信保服务，根据阿里巴巴官方的介绍，它是阿里巴巴专业的跨境 B2B 交易体系，可以综合地解决跨境支付、结算、金融、物流等问题。

其实阿里巴巴国际站信保服务就是国际站针对 B 类或者小 B 类客户的“国际版支付宝”，客户在国际站在线下单，国际站担保，卖家发货。

目前国际站信保服务的支付方式包括买家的信用卡、e－checking、TT，另外信保也可以接受信用证。它唯一的缺点就是应用场景仅仅局限于阿里巴巴国际站电商平台，其他电商平台不能使用。

（三）西联汇款和 MoneyGram（速汇金）

西联汇款是非常主流的付款方式之一，它是老牌的支付工具，也是世界上领先的特快汇款公司，在全球有大量的客户。

西联汇款在全球大部分国家和地区都有所在地汇出和提款业务，所以它在全球的覆盖面最广。

选择西联汇款的优势在于，市场认知度高，手续费买家承担，对于卖家来说也更有利，安全性更高，到账速度非常快。

它的缺点也非常明显，买家会担心安全性，一般只有老客户，彼此比较信任，并且订单金额在 3 000 美元以下的小额付款才选用西联汇款。

速汇金汇款的操作模式基本上跟西联汇款类似。

号资金被冻结，最大幅度地降低跨境电商的资金风险。

中国也有一家跨境电商支付平台 GemPay 接受比特币支付，在支付的时候选择最优惠的汇率，然后商户用法定货币定价格，买家采用比特币支付以后，再帮卖家换成法定货币。卖家通过比特币等数字货币支付还可以减少汇率风险。

目前比特币作为流通货币的属性也慢慢体现出来，比如海外通过比特币交易成为一个趋势，也有一些网店接受比特币的支付方式。目前中国一些领先的互联网公司，已经开始运营比特币，比如科技网站 Mt. Gox（Mount Gox，世界上最大的比特币交易商）等，一些大型的海外购物网站也开始接受比特币支付。

未来随着区块链技术等越来越成熟，数字货币在跨境电商领域的应用会越来越广泛！

第三篇

跨境电商行业未来形势的展望

第八章　趋势预测

第一节　未来五年跨境电商的发展趋势

一、未来五年跨境电商会成为主流模式

跨境电商在线贸易这样的出口模式一直长期存在，十多年前宁波的很多外贸人就在做亚马逊跨境电商出口，只不过在传统外贸红利期，这样一种边缘的出口模式仅仅作为传统贸易的补充，并没有太多人看到它的价值和影响力。

这几年中国的传统外贸面临挑战和革新，传统的外贸红利消失殆尽，中美贸易摩擦加剧，汇率变化，再加上 2020 年的疫情，在线贸易的价值突显出来，跨境电商时代已经到来。

5G 时代，移动化、海外客户低龄化、订单碎片化、网红和短视频营销流行，这些新趋势，将跨境电商推到时代的前列。

未来五年跨境电商很可能会成为中国外贸的主流模式，中国外贸会摆脱廉价模式，靠品质、品牌、优质的客户体验走向产业链的高端，实现中国制造业的崛起！

二、中国进口跨境电商的发展更加蓬勃

谈到跨境电商大家想到的往往是出口跨境电商，其实还有一个重要的跨境电商模式最近几年也发展得非常迅猛，那就是进口跨境电商。

中国拥有全球最多的消费人口，这几年中国的中产阶级快速崛起，消费能力持续提升，给全球带来巨大的吸引力。

进口跨境电商的优势在于，通过线上渠道把全球最优质的产品在中国市场销售，满足中国人民对于美好事物的追求，带动出口国家的就业和外贸数据。

未来几年进口跨境电商的发展一定会和出口跨境电商一样蓬勃，甚至可能超过出口跨境电商。

三、跨境电商平台会越来越多，越来越丰富

客观地说我国的电商发展已经非常强大和成熟，但是，寡头垄断趋势非常明显，目前淘宝、天猫、京东和这几年后来居上的拼多多以外，没有特别大体量的公司参与竞争。对于消费者来说最好的状态是市场有充分的竞争。

但是跨境电商平台的发展是百花齐放的，跨境电商鼻祖亚马逊、老牌跨境电商平台 eBay，新兴手机端跨境电商平台 Wish，还有阿里巴巴的速卖通等。

2020 年独立站得到了空前的发展，在独立站的推进下，未来的跨境电商平台会更加多元化。

目前很多有特色的跨境电商平台在迅猛发展，比如说手工 DIY 细分领域的跨境电商平台，运动细分领域的跨境电商平台。未来的跨境电商平台不仅仅百花齐放，而且会越来越细分。

四、跨境电商的最终竞争回归到客户体验

跨境电商经过这么多年的发展越来越重视精细化运营，平台对于卖家的要求和门槛也越来越高。

以前跨境电商的竞争靠流量、靠推广、靠运营、靠平台政策等，但是随着跨境电商越来越成熟，最终会回归到竞争的本质，那就是消费者的需求和体验。

五、海外消费需求的迭代升级

在跨境电商发展的早期，跨境电商卖家赚取价格差和信息差。确实，

在当时只要产品的品质好，物流价格在客户接受的范畴内，就可以赚钱。但是未来五年，海外消费者对于中国跨境电商的产品品质要求会更高，比如说关注品牌，强调个性化需求、更快捷的物流体验，还有更优质的售后，甚至是本土化的服务，这些都对跨境电商运营和投入提出了更高的要求和门槛。

六、跨境电商“高、精、专”人才

就目前的跨境电商行业来说较大的痛点之一就是跨境电商人才极度缺乏，中国在人才培训和教育方面已经做了很大的调整和投入，比如2020年在本科院校设立跨境电商专业。各大跨境电商平台也投入了很多的资源和精力培训跨境电商人才。

可以预期，随着跨境电商教育培训在中国越来越成熟，跨境电商人才短缺的问题会得到有效解决。跨境电商的人才供应也会越来越充沛。

未来的跨境电商人才一定是高精尖人才，具备国际视野、专业的跨境电商素养和持续的学习能力。

七、跨境电商的生态圈越来越成熟

一个行业真正成熟的标志就是生态圈成熟，跨境电商行业也是一样的道理，随着跨境电商的兴起在未来几年跨境电商的生态圈会越来越成熟。

从政府政策层面的支持、电商平台的百花齐放、教育培训市场的完善，跨境物流的数据化，到跨境电商仓储、跨境电商金融服务、跨境支付、跨境电商保险、产业园的完善，还有其他形形色色围绕跨境电商的生态圈的繁荣必将促进和推动这个行业的蓬勃发展。

对于广大跨境电商创业者来说，其实都缺少一种能力，那就是融入生态圈的能力，传统外贸人的特点就是单打独斗，缺少交流，但是在跨境电商时代创业者应该善于利用生态圈的资源和红利，通过生态圈的资源不断学习、成长。

八、内容制作及输出是未来跨境电商获取流量的主要方式

2020 年电商领域最火的就是短视频和网红经济，在跨境电商领域同样如此，当下，这样的视频浏览行为出现的频率逐渐增多，并且成为消费者获取信息、店铺获取流量的主要方式。

广大跨境电商创业者应该认同流量的趋势，掌握并且运用短视频和网红营销模式。

九、海外仓和目的国（地区）本土化

未来海外仓肯定是做跨境电商的标配，通过海外仓可以解决客户体验、售后服务等问题。海外仓的成熟和发展代表着中国跨境电商的未来。

另外一个是目的国（地区）本土化运营，其实这几年很多跨境电商企业都在尝试和探索，效果非常好。比如运营亚马逊店铺，可以把亚马逊运营团队放到美国本土，在美国设立自己的办公室和仓储。中国境内的工厂专注生产，美国本土办公室专注运营、销售、售后，通过目的国本土化运营，可以让跨境电商的客户体验飞速提升，是未来跨境电商运营的主流模式之一。

十、各国各区域的政策法规持续调整和完善

跨境电商作为一种新的出口、进口模式会发展得越来越快，目前各国对于跨境电商的发展观点不同，特别是在中国大量的廉价商品通过这样的模式出口到他们国家之后，在某种程度上对当地的消费市场、就业市场产生了一定的影响。

所以这几年各国的跨境电商政策也越来越完善和成熟。目前关于跨境电商的政策集中在这几方面，第一是 VAT 税，第二是知识产权，第三是目的国产业政策的保护。通过这些政策，未来的跨境电商会更规范。

十一、新兴市场蕴含机会

2020 年的疫情，让传统的欧洲和美国市场受到了很大的影响，加之这几年欧洲和美国市场已经出现疲态，越来越多的跨境电商卖家体会到做欧洲和美国市场的艰难。

但是这几年东南亚市场却表现得越来越亮眼，我们可以理性判断，未来，东南亚市场会成为广大跨境电商卖家重点发力的新兴市场之一。

首先来看看东南亚市场的市场规模和市场发展情况。根据网经社的数据报告，未来十年东南亚市场的跨境电商的增长率预期为 34%，到 2025 年东南亚的电商市场规模大概是 1 020 亿美元，会成为全球主要的跨境电商市场。

东南亚电商市场不仅仅体量非常大，而且年轻人比较多，移动端和社交化趋势非常明显。

关于东南亚跨境电商平台，广大跨境电商创业者较为熟悉的应该是 Shopee 和 Lazada，目前这两个平台都发展得非常不错。

东南亚跨境电商平台 Shopee 从 2015 年到 2019 年销售增量是七到八倍，Lazada 更是在短短几年内成为东南亚首屈一指的跨境电商平台，拥有了非常多的品牌和销售商，目前 Lazada 已经被阿里巴巴收购成为阿里旗下的平台，发展更为迅猛。

（一）跨境电商市场向东南亚倾斜

未来三到五年会有下面几类中国的跨境电商创业者参与到东南亚市场。

1. 面向欧美市场的跨境电商卖家转战东南亚市场

这些跨境电商卖家具备一定的跨境电商运营经验，但是对东南亚跨境电商市场了解不足，对于这些有经验的跨境电商卖家，笔者的建议是专注选品和打造自己的特色供应链。

2. 内贸工厂转型做东南亚电商

如果东南亚市场持续火爆的话，未来转型做东南亚市场的内贸企业也会越来越多，这些创业者在跨境电商方面的经验不足，首先还是应该去了解东南亚电商的价值，并且进行专业的培训和市场调研。

3. 品牌企业转型做东南亚跨境电商

这类企业已经具备了品牌优势，比如小米、科大讯飞这样的品牌企业就对东南亚市场非常有兴趣。品牌企业资本实力比较强大，可以选择在东南亚进行本土化运营，招募本土团队。

（二）东南亚市场跨境电商行业发展趋势

关于东南亚电商的未来趋势，笔者认为有下面几个核心点：

1. 未来三年内东南亚跨境电商平台的热门产品是日用消费品

目前东南亚市场热销的品类是日用消费品，比如女装类、家居类、母婴玩具类、美妆类。未来三年到五年这些日用消费品品类还会持续热销，这跟东南亚市场的特点有关系。

2. 移动端趋势会越来越明显

跨境电商在东南亚市场是直接跳到移动端的，这和近几年智能手机的普及分不开。

而且东南亚电商的用户大多是年轻人，未来几年东南亚电商的移动端趋势会越来越明显，所以在运营、推广中应该符合移动端的特点，重视移动端的客户体验和应用场景。

3. 本土化社交趋势更明显

东南亚年轻人非常青睐社交媒体，比如 Facebook 在东南亚就非常流行，所以要在东南亚市场做好生意，一定要注重本土化社交媒体的运营，比如制作本土化社交媒体的内容，在社交媒体做充分的传播，跟客户打好关系，挖掘他们的潜在需求。

4. 持续优化客户体验

目前东南亚电商最大的问题就是客户体验，这个跟东南亚市场的特点有很大的关系，比如东南亚市场的人口分散、物流基础差，未来东南亚跨境电商店铺运营的关键就是持续提升客户体验。

第二节　海外仓的布局和未来趋势

2020 年的疫情让海外仓的价值体现出来，目前疫情依然在持续，全球航空运力大幅度下降，很多跨境电商店铺的直邮出口都受到了影响，加之亚马逊的封仓事件，让很多跨境电商创业者感叹海外仓的重要性，当前国家和政府也在大力倡导建设海外仓。

比如2020年2月18日商务部就发布《关于应对新冠肺炎疫情做好稳外贸稳外资促消费工作的通知》，提出了支持外贸新业态新模式发展，鼓励企业利用海外仓，扩大出口。

一、海外仓对于跨境电商的价值

目前跨境电商的一大痛点就是物流，直邮模式很难提高效率和客户体验，所以海外仓是未来跨境电商的必然选择。

这几年海外仓的发展非常迅猛，根据宁波市跨境电商综合试验区的数据统计，从2014年到2019年园区的跨境电商海外仓使用率暴涨六倍，在2020年疫情期间海外仓的使用达到了高潮。

提前把货物发到海外仓库，不仅仅可以大幅度降低物流成本还可以提升客户体验，比如从美国仓发货给美国客户一般两到五天货物就可以到达客户手里，并且有非常好的售后。

2020年这样一个特殊的历史时期，海外仓的价值还在于可以更主动地掌控货物的销售渠道和销售节奏。

笔者的一个美国同学在宁波慈溪有外贸工厂，在美国本土有公司和海外仓，2019年下半年，因为某款产品销售火爆，他在自己的美国海外仓囤积了大量的货品，2020年疫情期间，物流越来越贵，效率越来越低，他依靠美国海外仓的库存，产品在美国本土持续热销，没有任何问题，掌握了销售的主动权和自主性。

根据海外仓的应用数据统计，大卖家使用海外仓的频率比较高，中小卖家在慢慢跟进，根据网经社的数据显示，目前月销售规模超过50万美元的大卖家中，已经有55%的卖家想尝试自建仓。月销百万美元以上的卖家有超过69%的卖家尝试做海外仓。其背后的驱动力还是海外仓对于跨境电商卖家的利好。

二、国际物流公司纷纷做海外仓

疫情下，国际物流的生存压力是巨大的，传统外贸在 2020 年陷入了困境，但是跨境电商发展得非常火爆，所以为了转型和生存很多传统的国际物流公司也纷纷开始做海外仓业务。

未来海外仓会成为国际物流的主流方式和主要服务。海运头程也会成为主流的外贸物流方式。

三、客户体验是根本

跨境电商进入精细化运营阶段，客户对于物流的效率要求越来越高，通过头程海运把货物运到海外仓可以把物流成本降到最低，提高产品的竞争力。

通过海外仓发货可以使用本地物流，一般都能在线查询到物流的配送记录，这在疫情这一特殊时期，显得特别重要，可以提升客户满意度，大大减少客户订单争议和纠纷。

疫情下，直邮通关效率大大降低，海外仓头程运输按照正常的报关流程进出口，这样大大降低了清关门槛，提升了通关效率，对于跨境电商企业意义重大。

另外一个好处就是大大降低了丢件率、破损率，货物丢失和破损一直是跨境电商的软肋，也是跨境电商企业非常重要的成本之一。降低包裹破损率可以让公司节省成本。

跨境电商企业还有一个老大难问题就是售后和退换货，传统的跨境电商模式下，退货和换货基本上都是采用放弃货物的方式，一年下来成本很高，只不过在直邮模式下，大家不得不接受，但是海外仓模式下换货、退货问题迎刃而解。

四、当下的价格竞争是海外物流价格的竞争

目前跨境电商零售的产品价格竞争已经达到白热化，利润空间越来越小，价格竞争的核心在于海外物流的成本控制。

通过头程海运的运输方式，我们可以把海外运输的物流成本控制到最低，

让利给客户，这样可以进一步提升产品和店铺的竞争力。

再者，海运直邮模式对产品体积、产品重量都有比较严格的规定，比如家具类的产品就不能做直邮。而海外仓可以让跨境电商的品类进一步扩展和丰富，很多大件物品、贵重物品都可以通过海外仓实现跨境电商销售。

五、海外仓的模式越来越丰富

目前跨境电商海外仓模式越来越丰富，可以供跨境电商卖家选择。企业的海外仓模式有合作模式、自建模式、平台租赁模式。

自建模式风险和门槛都非常高，一般是政府或跨境电商平台主导建设，比如阿里巴巴就在海外进行海外仓布局，服务中小跨境电商企业。

平台租赁的海外仓越来越多，很多超市仓库，甚至海外华人的车库都纷纷改建为海外仓对外租赁。

国内海外仓平台，笔者推荐的是邮差小马，它运营了很多年，做得非常不错。

六、海外仓存在的问题

海外仓在运营过程中也存在一些问题，笔者在这里详细总结一下。

海外仓产品滞销和库存问题。做海外仓的前提是产品的销售数据非常好，爆款率高，如果你的产品卖得慢甚至产生了滞销，那海外仓会是压垮你的最后一根稻草。笔者曾调研一家宁波的跨境电商企业，它通过海外仓往美国发了十个集装箱货物，结果八个集装箱货物滞销，最终给这家企业带来了近千万元人民币的亏损。

根据网经社的调研数据，八成的海外仓运营都面临库存问题，70% 的卖家选择低价倾销，而 11% 的卖家选择销毁货物。

七、很多跨境电商企业不具备海外仓运营能力

很多跨境电商企业对于海外仓运营还处于摸着石头过河的阶段，大部分企业都缺少海外仓运营能力，其实做海外仓是需要一定的资源的。比如说企业必

须有一手货源、有抗风险能力、具备数据化基础和数据备货的能力、拥有专业的海外仓运营团队，等等，这些目前来看大多数跨境电商企业还是非常欠缺的。

八、海外仓的 VAT 问题

这是目前海外仓面临的主要问题之一，跨境电商的发展在某种程度上冲击着当地的消费体系和制造业体系，所以很多国家对于中国跨境电商的态度比较微妙。

比如说英国这几年对于中国跨境电商的 VAT 税就趋严，英国政府通过对跨境电商平台施加压力，以解决海外电商的增值税问题，而海外仓的 VAT 就是其中的重点，根据英国的法律规定，储存于海外仓的跨境商品，都面临税务合规的问题。

九、关于海外仓选择和选品的建议

（一）海外仓的选择

海外仓市场发展良莠不齐，很多小微跨境电商企业选择海外仓比较盲目和困惑，这里笔者来详细探讨一下选择海外仓的标准是什么。

首先，选择海外仓要看服务商的海外仓处理能力，比如说以前服务过什么级别的大卖家，有多少数据支撑。

其次，考虑海外仓的仓储能力、仓储面积、发货能力、发货效率，还有就是海外仓团队的服务能力。

再次，考核海外仓的增值服务能力，比如说海外仓的退换货、华人沟通服务、贴标签、质量检测、盘货服务等。

最后，调研海外仓的安全性、清关效率、合规化程度，这里重点要注意的是俄罗斯的海外仓，它可能有法律风险和灰色地带。

（二）海外仓的选品

海外仓选品要考量销售情况，做海外仓的商品一定要经过数据调研，有销售数据支撑，比如一个产品经过1年多的销售，数据稳定、市场反馈好，这样的产品才可以考虑做海外仓。

选择做海外仓的产品的价格不要太低，一般要选毛利比较高的产品，像笔者公司基本上标价100美元以上的产品才做海外仓。

还有就是那些体积比较大、比较重、价值比较高的产品可以选择做海外仓，比如说家具类、汽配类产品。

第三节 外贸综合服务平台的发展趋势

传统外贸行业产业升级的一个重要环节就是外贸综合服务平台的建设。2020年疫情下，外贸综合服务平台的价值也越来越体现出来。

先来分享一个真实的外贸综合服务平台帮助企业脱离困境的故事。中基集团是宁波最大的外贸出口集团，它推出了自己的外贸综合服务平台中基惠通，提供包括通关、物流、外汇、退税、信保、融资等服务，主要面对浙江省的中小外贸企业。

2020年疫情下，许多企业的外贸订单被取消或者延迟，中基惠通推出了很多帮扶中小企业的措施，比如信保投保费用全免，平台自有扶持资金利率下降2.1%，指定报关行报关手续费全免。

外贸综合服务平台通过数据贸易帮助外贸企业提升出口效率、降低成本，帮助外贸中小企业渡过难关。

比如说在疫情的早期，口罩等防疫产品非常紧缺，外贸综合服务平台帮助中小企业接下防疫订单，然后选择优质的供应商，帮企业规避了接单风险等。

同时，因为外贸综合服务平台体量比较大，在疫情下承担了和政府对接、沟通的任务，对中小外贸企业的价值非常大。

一、阿里巴巴一达通的迭代升级

说到外贸综合服务平台，广大外贸出口企业最熟悉的平台之一就是阿里巴巴的一达通，作为阿里巴巴国际站的官方外贸综合服务平台，一达通在持续地升级和迭代。

阿里巴巴一达通最早是为外贸中小企业提供通关、结汇、退税等服务，这几年阿里巴巴国际站对跨境电商买家和卖家的服务也从基础服务升级为综合性的全链条的智能化服务。2020 年阿里巴巴一达通进行了迭代升级，依靠阿里巴巴经济体的力量，联合银行、金融机构、物流服务商、菜鸟网络和蚂蚁金服等资源，给国际站的商家提供全链条的跨境电商服务、智化履约服务，满足商家包括信用保障、支付结算、供应链金融、物流和外贸综合服务等一站式需求。

* 阿里巴巴一达通服务能力升级，一拍档升级成为供应链拍档，服务提升到提供全套的数字化服务，包括国际物流、信用信保、验货认证、海外仓储、贸易金融等。

* 服务对象扩大，扩大到 B 类海外商家，并且支持海外商家在线付款。

* 数字化能力提升，通过线上贸易、数据打通、技术对接构建全套的数字化履约保障。

二、阿里巴巴一达通的数字化金融服务

疫情下，广大外贸中小企业关心的还是企业的现金流和资金回款能力。一达通跨境供应链升级以后，支付场景和支付工具越来越丰富，满足商家更多元的支付和账期需要，还提供了更多融资渠道、互联网金融融资服务。

目前阿里巴巴国际站最大的特色就是 RTS，这样一种在线贸易方式顺应了移动互联网时代订单碎片化的趋势，发展非常迅猛。

阿里巴巴国际站鼓励买家通过阿里巴巴信保付款交易，一达通依据沉淀的数据提供丰富的数据化金融服务，比如融资、账期、结算、金融等服务，帮助买家、卖家轻松实现全球买、全球卖。

在跨境电商企业的支付和收款上面，阿里巴巴一达通也为商家提供了更多元、专业的解决方案。目前市场上主流的跨境电商支付工具包括 TT、信用证、海外信用卡、西联汇款等。

阿里巴巴国际站还通过数据金融实现了资金链的数字化和透明化，提高了跨境电商汇款的确定性和效率。

三、国际贸易账期交易的创新

笔者认为一达通在转型升级的过程中，账期交易方面有巨大的创新。平台根据中小企业订单数据，快速为客户提供相应额度的融资授信，解决资金难题。很多美国买家实现7分钟融资授信，资金账期从28天延长至90天。

分享一个关于阿里巴巴国际站 Pay Later 采购的真实案例。疫情下，笔者公司业务员在阿里巴巴国际站遇到了一个美国客户，这个美国客户就是一个大学生，疫情下隔离在家无所事事，发现了一个巨大的市场机会，就是 DIY 手工船模型，因为宅在家里的人需要打发时间，所以 DIY 产品在市场上热销。

这个美国客户从阿里巴巴国际站找到笔者公司，咨询下单，但是因为他是大学生创业，采购的资金不多，所以他使用了 Pay Later 服务。Pay Later 服务类似于支付宝的花呗，他花10分钟申请以后，最多可以获得15万美元的信用额度，通过 Pay Later 支付的时候，第三方金融机构直接垫付资金给卖家。通过这样的金融赊账的方式这个美国大学生从阿里巴巴国际站采购进货，然后卖到美国本土赚钱。

其实赊账这样的金融创新的价值和意义不仅仅在于给买家提供金融支持，也扩大了采购的增量，促进了外贸的发展。

四、通关、退税的迭代升级

海关的退税一直是传统外贸的老大难问题，升级以后的阿里巴巴一达通为客户提供了2+N和3+N的服务。2+N指出口代理服务，为客户提供通关和外汇两个环节的服务，3+N指外贸综合服务，为客户提供通关、外汇、退税和配套的物流服务。阿里巴巴跨境电商供应链通过区块链和政府搭建了退税平台，帮助企业完成通关和退税。

五、宁波的外贸综合服务平台——世贸通

另外一个著名的外贸综合服务平台就是宁波的世贸通，宁波的世贸通是

在2017年正式上线的，平台的模式跟一达通类似，帮助跨境电商企业解决跨境物流、支付流、单据流、信息流相关问题，涉及进口报关、退税、跨境物流和海外仓、国际运输、跨境支付等综合资源的整合。目前世贸通服务的企业已经超过5 000家，规模突破10亿美元。

六、政府加大跨境电商综合服务平台推广力度

疫情下，跨境电商综合服务平台体现了巨大的价值，所以未来，政府对跨境电商综合服务平台的推广力度会更大。除了商业平台的建设政府也会搭建公共行政的服务平台。比如通过跨境电商平台实现包括外管、国税、公安、银行、电商平台、物流平台、支付平台的数据交换和状态反馈，帮助跨境电商企业转型升级。

第四节　市场思考：口罩生意还值得做吗

疫情迫使许多跨境电商企业转换品类，关于企业转产换品，从疫情发生到现在最火爆的应该就是口罩，外贸圈一直流传着这样的故事，说某外贸人投资两百万元做口罩工厂，几个月就赚了上千万元，某人在跨境电商平台做口罩等防疫产品，短短几天赚了几十万元。

但是，看似火爆的口罩生意真实的情况是什么，口罩生意会不会已经出现红海，外贸人一窝蜂转型做口罩是不是全部都赚得盆满钵满，为什么关于口罩出口会有这样多的负面新闻，本节我们就来深度分析和思考。

一、口罩市场会变成“红海”

笔者先来分析一下防疫产品的市场现状是什么，首先作为一个财经观察者笔者先下一个基本的判断，对于大部分中小微外贸创业者来说，口罩等防疫产品的市场已经进入了红海。

虽然目前疫情仍在持续，但是超过63%的卖家预期口罩生意的红利期已

经过去。目前口罩等防疫产品的外贸出口面临的问题也越来越多。

（一）国家从政策层面对于口罩等防疫用品的管理越来越严格

针对疫情，我国商务部、海关总署、国家市场监督管理总局，联合发布2020年第12号公告，对于口罩等防疫产品的出口实行黑白名单管理。

如果你的企业不在白名单里面该怎么出口口罩？口罩白名单的新规则是在2020年4月26日开始施行，总体的趋势是趋紧，非医用口罩的出口标准是“符合中国质量标准或国外质量标准”，就是说你要出口口罩必须符合其中一个标准。

如果你的企业不在出口的白名单里面，你就需要提供“出口方和进口方共同声明”，通过海关报关、检验才可以放行出口，如果你在黑名单里面那就不能出口。

从这个政策来看，后期口罩等防疫产品更适合规模大、实力强、合规的大企业，所以很多小微创业者已经慢慢退出这个市场。

（二）从投资回报的角度，投入已经过高

全自动口罩生产机器2019年的市场价格是几万元，目前炒到几十万元甚至小一百万元一台。口罩用的自动电焊机，疫情之前的价格是1 000元到2 000元，目前要几万元，所以对于很多小微创业者来说，这门生意的投入成本太高了。

相对于口罩机的价格暴涨，生产口罩的原材料的价格涨得更是离谱，比如口罩的核心材料“熔喷布”，价格暴涨几十倍，不仅仅是价格变得非常离谱，而且极其稀缺，有时候你有再多的钱也找不到合适的货源。

做口罩生意的人实在太多了，中国人做生意有一个非常不好的风气，就是大家一哄而上，最终的结果是打价格战。目前随着国家政策的收紧，很多口罩库存急需消化，口罩的价格会下跌，对于很多小微创业者来说，既没有雄厚的资本，又没有特别通畅的销售渠道，还是不要轻易尝试。

（三）各大跨境电商平台政策趋紧

1. 亚马逊平台对于口罩等防疫产品的政策

作为全球第一的跨境零售电商平台，亚马逊已经宣布在其网站上屏蔽口

罩等防疫相关新品的上架，并且不再接受此类商品的新销售申请。对于已经销售的防疫类产品，亚马逊官方也会加大监管力度，对于价格特别高和消费者投诉多的口罩等防疫产品的卖家，平台会给予包括封店铺在内的最严厉的惩罚。

2. eBay 关于口罩等防疫产品的政策

目前 eBay 也在多个站点禁止销售防疫产品，2020 年 3 月 6 日，eBay 禁止在美国站点发布包括 N95 等口罩的广告，后期 eBay 加拿大、法国、意大利、德国站也纷纷跟进，并且对于平台防疫产品的管理日趋严厉。

3. Wish 关于口罩等防疫产品的管理政策

Wish 平台是目前中国跨境电商卖家最多的销售平台之一，核心的目标市场也是美国，2020 年 3 月 12 日 Wish 已经对卖家销售口罩等防疫产品进行了规范性的忠告，从里面的措辞来看，Wish 平台对于这类产品的管控也是趋严的。

Wish 的公告是这样描述的“这类医疗产品专业性非常高，商户务必保证产品质量、如实描述，并且符合平台政策和各国法律。”

4. Lazada 关于口罩等防疫产品的管理政策

Lazada 也是目前广大外贸创业者热衷选择的跨境零售平台之一，东南亚市场也是目前跨境电商的蓝海市场，有很多外贸创业者在这个平台卖口罩，就目前来说泰国政府对于口罩是严格控制的，所以 Lazada 已经全面禁止销售口罩，而且后期平台会严管销售口罩等防疫产品的卖家。

5. 阿里巴巴速卖通的口罩销售管理

同样作为阿里系的平台，速卖通虽然没有禁止销售口罩，但是平台政策越来越严格，首先速卖通在不断清退或者禁止不符合规定的口罩卖家，比如说不提供合格的医疗、消毒证明，然后价格虚高和虚假宣传的卖家。

对于商家的发布规则也更规范，比如中国生产的医用口罩必须具有国内二类器械注册号。出口到美国必须有 FDA 注册，到欧洲有 CE 认证等。对于违规者的处罚也是极为严厉，从下架、删除，到 12 分处罚、冻结账号、关店铺。

6. 阿里巴巴国际站关于防疫产品的政策

阿里巴巴国际站应该是广大中小外贸出口企业接触最多的一个电商平台，

疫情发生以后广大外贸出口企业纷纷涌入国际站拓展自己的跨境电商业务。阿里巴巴国际站针对口罩等防疫产品也有一系列的规范和政策。

首先跟各大跨境电商平台一样，阿里巴巴国际站对于口罩等防疫产品的管控趋势也是越来越严。

在阿里巴巴国际站销售口罩等防疫产品必须符合要求，首先卖家要是付费会员，目前阿里巴巴国际站的付费会员，包括阿里巴巴国际站出口通、全球宝、金品诚企服务的付费用户。

其次，还有包括扣分、知识产权、企业信誉等要求，此外，还需要进行申请，通过阿里巴巴国际站审核后才可以销售防疫产品。申请方法是在“认证中心—监管许可证书”中提供一类或二类医疗器械相关资质：医疗器械生产许可证（生产范围含二类或一类医疗器械），贸易型企业还需要提供“医疗器械经营许可证”或“医疗器械经营备案凭证”（经营范围含一类或二类医疗器械）、生产商要提供“医疗器械生产许可证”（生产范围含一类或二类医疗器械）以及授权书和购销合同，以及会员所在国法律规定的相关产品经营资质文件。

目前，阿里巴巴国际站对于口罩等防疫产品的管控措施在不断变化，整体的趋势也是趋严趋紧。

二、外贸企业如何面对口罩等防疫产品的“红海”

针对这个问题，笔者的基本观点是对大部分中小创业者而言，出口口罩等防疫产品的市场红利期确实已经过去。任何跨境电商平台推出关于产品销售的限制政策都是经过市场调研深思熟虑的结果。广大外贸创业者应该理性对待，并且遵守电商平台的规则。同时，可以有下面的调整。

（一）寻找有资质的大供应商进行合作

2020 年的外贸创业环境确实非常特殊，如果你坚持要选择包括口罩在内的防疫用品作为创业项目，而且你有实力和资源的话，建议你选择有资质、规模大的优质供应商深度合作，这样才有可能把这门生意做下去。

（二）宅经济品类的选择

疫情下，除了防疫产品外，宅经济品类的产品的销售也非常火爆。比如后院改善类产品，在德国的销售额增长了319%，美国增长了133%；游戏娱乐产品中，电子游戏产品在美国的销售额增长了531%，德国增长了499%，玩具和游戏类产品在德国增长了69%，美国增长了49%，艺术手工DIY系列产品在美国增长了58%，乐器产品在美国增长了31%，还有室内办公、健身器材等产品都销售火爆。

所以对于广大外贸企业来说，转换品类不一定要选择口罩等防疫产品，这类产品本身就比较敏感，涉及健康和安全问题，国家和电商平台的政策趋紧，而且有非常多的竞争者，所以对于大部分小微企业来说可以考虑理性退出口罩等防疫产品市场。

（三）在独立站销售口罩等防疫产品可行吗

2020年独立站的发展达到了一个高潮，理由非常简单，各大跨境电商平台的政策越来越严格，独立站相对于平台更加自由和灵活。目前包括Shopify在内的独立第三方建站平台，不仅门槛低，而且从建网站到上架产品一天内可以完成，所以在平台关于防疫产品的政策趋紧的情况下，大家纷纷转向独立站。

首先，笔者告诉大家，独立站并非像大家传闻的那样卖口罩不需要任何手续，Shopify需要提供口罩的合格证明，进货证明等才能卖，如果你通过PayPal收款，PayPal也需要你提供相关的证明材料。

做独立站最大的问题就是引流，目前独立站最主流的引流渠道是Facebook和Google，这两大主流的推广平台都对口罩的广告进行限制，而且趋势越来越严格。

还有，对于口罩等防疫产品出口的检验检疫门槛越来越高，这也是很多小微创业者选择放弃口罩出口的核心理由之一。再者，独立站卖口罩的价格非常低，利润空间也不大，所以大家要理性对待口罩等防疫产品。

第五节　外贸企业转型做内贸真的是出路吗

2020 年中国外贸企业面临极为严峻的形势，很多外贸企业纷纷选择做内贸市场以解决企业的生存危机，目前很多地方政府和媒体也在倡导外贸企业转型做内贸。但是习惯做传统外贸大单的外贸企业转型做内贸市场是不是真的合适？外贸出口企业转型做内贸能不能给企业带来实质的利益，这是很多外贸企业应该深度思考的问题。

一、关于外贸企业转型做内贸的众生相

（一）宁波陈总：内贸市场环境复杂，水土不服

宁波的陈总是做户外箱包出口的，前段时间因为美国疫情暴发，一个美国客户的线下店铺全部关门，所以取消了一笔 30 万件户外箱包的订单，企业损失巨大，面对疫情带来的外贸危机，陈总的第一反应是转型做内贸市场，但是经过一段时间的市场调研和运营探讨，陈总放弃了内贸市场，因为内贸市场环境较复杂，企业难以适应。

陈总给笔者算了一笔外贸企业转型做内贸的账，这批本来要出口到美国的户外箱包，成本大概是 16 元人民币，发给美国客户的毛利率大概是 15%，现在如果转型做国内市场首先面临的是渠道问题。

内贸市场的渠道无非两个，线下实体店和在线渠道，虽然国内疫情已经得到控制，但是，国内的实体店仍存在很大的危机。

谈到主流电商渠道，陈总又给笔者算了一笔账，目前电商渠道的成本非常高，无论是阿里巴巴、淘宝、天猫，还是拼多多，平台的推广费、运营成本、客户服务费用都非常高，还有大量的售后成本。他曾经听一个做天猫的朋友分享，做一天天猫直通车的费用就高达 5 000 元人民币，所以通过在线渠道赚钱非常难，而且相对于传统外贸的一次性大额定单，内贸更多的是零售，这对于习惯做大额定单的外贸企业来说会有水土不服的感觉。更为严峻的是

国内市场已经饱和、产能过剩，企业之间的竞争也是四郊多垒。

（二）深圳于总：转型做国内市场，互联网营销成本太高

于总是深圳一家玩具礼品外贸企业的负责人，因为深圳是中国外贸企业聚集程度较高的城市之一，竞争非常激烈，所以于总在做外贸的同时很早就开始通过电商平台做内贸市场，目前于总的国内渠道包括1688、淘宝、天猫、拼多多，这几年短视频营销非常火热，于总也做了快手直播和抖音直播带货，几年尝试后于总感叹，外贸企业转型做内贸，互联网营销推广费用太高，要赚钱真的非常难。

于总给笔者举了一个参加某电商平台大促活动的真实案例，为了上活动前期要有大量的推广投入，直通车推广费用一天要5 000元人民币，以增加好评，提高客户评价率，然后上活动还要给平台交活动坑位费（大概是10万元）和平台业绩扣点（销售额的5%），外贸企业的产品利润本来就非常薄，参与这样的大促活动企业很难赚钱。

谈到网红直播带货，于总也是感慨颇多，因为现在很多网红的粉丝数据都不透明，甚至做假。他前期通过网红直播带货亏了不少钱，而且网红带货的分成比例对于外贸企业来说太多了。

谈到目前最火的抖音视频营销，他说抖音的佣金抽成比例大概是15%，单单这一个成本，基本上已经抵消了产品利润，如果选择按人数付费，推广投入成本大概是一元一个流量，这对于传统外贸企业来说更是难以承受。

（三）温州王总：外贸企业缺少内贸营销人才

温州的王总是做皮鞋出口的，公司受疫情的影响非常大，选择做内贸市场王总面临的主要问题是内贸营销人才缺失。王总的公司属于非常典型的外贸中小企业，企业规模大概是50人，工厂在郊区。

王总跟外贸打了20多年交道，公司无论是销售还是生产都是针对的外贸出口，转型做内贸首先就是找不到国内市场的运营人才，甚至不知道找什么样的国内市场运营人才。王总说他属于典型的早期靠外贸红利起家的外贸人，文化程度不高，企业更是小微模式，无论是理念还是企业的文化，都很难吸引优秀的国内运营人才，更何况做了20多年的外贸，他对于如何做内贸缺少

整体的运营思路。

（四）杭州盛总：外贸企业缺少品牌，产品不适合国内市场

对于外贸企业转型做内贸，盛总认为，传统外贸企业应该谨慎选择内贸市场，盛总的企业是出口壁炉的，这类产品在中国市场消费的并不多，所以盛总对于转型做内贸热情不高。

关于其他类型的外贸企业转型做内贸，盛总认为很多小微外贸企业长期以来靠廉价做外贸出口，缺少品牌，而在中国市场建立一个品牌需要大量的前期投入和市场沉淀，没有品牌进入内贸市场很可能会得不偿失。

再者，很多外贸企业的产品是定制生产，无论是款式，还是尺寸都更适合欧洲和美国人，不适合在国内销售。

（五）绍兴朱总：外贸企业转型做内贸具备优势

绍兴的朱总是笔者采访到的为数不多的认为外贸企业转型做内贸具备优势的企业老总，朱总的企业是做成衣的，已经有 14 年的发展历程。作为一个典型的外贸人，朱总对于成衣的品质有非常苛刻的要求，朱总认为优质的产品是他们企业可以在内贸市场扩张成功的关键。

朱总的公司从外贸扩张到内贸市场已经有 3 年时间了，疫情下，他们在内贸市场投入更多。朱总的公司在国内的销售主要是通过 1688 开展在线批发业务，招募经销商。朱总很早就有品牌意识，企业的成衣做了一个整套的视觉识别设计和品牌定位，通过这样的方式，朱总的公司在国内市场发展得非常好。

谈到外贸企业转型做内贸市场，朱总的总结是，外贸企业生产的产品首先都具备过硬的品质，生产、设计、制造能力非常强大，如果能培养互联网运营能力，开展一定的国内市场调研，又有自己的品牌，做内贸市场机会还是很大的。

二、关于外贸企业转型做内贸的总结

通过上面的五个案例，你应该能大概了解外贸企业转型做内贸市场的真实情况，笔者也是一个外贸企业经营者，对于外贸企业转型做内贸，笔者企

业也有过尝试。

笔者公司最早是做木制手工帆船模型产品，我们参考谭木匠的模式发展内贸市场，前期做了很多品牌推广和线下渠道营销，天猫和淘宝崛起后，我们也布局了线上渠道。经过几年的市场开拓，我们总结出来相对于外贸市场，内贸市场更复杂，所以笔者公司还是以跨境电商为主。

外贸企业转型做内贸市场面临的问题主要是下面几点：

* 外贸企业转型做内贸，企业对于国内市场的业务流程和规则比较陌生，无论是在线模式还是实体店模式；
* 外贸企业转型做内贸市场缺少品牌；
* 外贸企业部分产品更适合海外消费者的需求；
* 实体店渠道和互联网渠道推广投入成本过高；
* 小微外贸企业缺少内贸市场运营人才；
* 市场饱和，竞争白热化；
* 好的方面是内贸市场人口基数大，消费能力强。

产品品质好，研发能力强，有品牌优势和互联网运营能力的外贸企业转型做内贸成功的机会更大。

三、关于外贸企业转型做内贸的建议

（一）企业成功的核心是产品

无论做内贸还是外贸，企业都应该专注于产品，满足市场的需求。

外贸企业转型做内贸首先应该对内贸市场有非常充分的调研，再结合自己的产品和生产能力做好市场定位，优质的商品永远是开拓市场的关键。

（二）切忌在内贸市场打价格战

疫情下，大量外贸产品转销内贸市场，而市场需求还在慢慢恢复，外贸企业切忌不要再走打价格战的老路，这样不仅仅企业得不到任何利益，从长远来说，也会破坏内贸市场的价格体系，更不利于行业和市场的健康发展。

（三）品牌化是必然

外贸企业转型做内贸市场，品牌化是必然。在互联网时代建立一个品牌未必像大家想得那样高不可攀，作为一个企业经营者，你应该具备品牌理念，因为品牌可以带来溢价，提升产品附加价值，最终让产品和企业呈现良性循环。

对于小微外贸企业来说，可以首先注册一个商标，也可以向第三方买一个商标，然后做一整套的视觉识别系统设计，投入也不贵，大概 3 000 元人民币，然后通过企业网站、网店、短视频、抖音、快手、公众号等推广品牌。然后，通过讲故事的方式传播品牌价值和理念。其实小微企业做品牌的关键是企业经营者用心经营。

（四）关注收款现金流

外贸企业跟海外客户做生意，一般是选择 30% 预付款和 TT 模式，虽然利润薄但是收款非常及时，笔者相信这也是很多企业家热衷于做外贸的重要理由之一。但是，做内贸收款情况就复杂很多，比如压货、账期、账期分成等，所以外贸企业转向内贸市场一定要关注收款现金流，账期过长或者收款风险过大的生意宁愿不做。

（五）关于内贸销售团队的建立

对于内贸人才团队的建立，笔者的建议是内部培养和招聘，比如企业优质的外贸人才，通过一定的培训发展成为内销人才。内部人才对于产品和企业实际情况了解深刻，对企业忠诚度也比较高。招聘外部人才要看企业的发展程度和规模，如果是小微外贸企业，建议招募一些刚刚毕业的内贸营销人才。

（六）互联网渠道是主流

虽然互联网渠道营销成本高，但是，互联网渠道肯定是主流，阿里巴巴、1688、淘宝、天猫、拼多多、京东、抖音和快手都是主要的营销平台。外贸企业应该认同互联网趋势，然后结合自己的产品特点和企业特点，在摸索中最终走出一条属于自己的互联网营销之路。

第九章　未来畅想

第一节　独立站日渐兴起

前文介绍过，独立站由于自由度高，营销成本较低，被越来越多的中小外贸企业青睐，那么如何建设独立站呢？

一、传统外贸企业如何搭建海外独立站

（一）选择可靠的第三方服务商

为什么首先推荐的是找一个第三方服务商呢？并不是为他们做广告，理由是大部分的外贸出口企业从老板到一线业务员，缺少独立站建设和运营能力，所以，笔者推荐大家花钱买服务，彻底解决问题。

（二）选择合适的建站平台

如果你打算自己建立一个海外独立站，可以选择主流的搭建平台，如 Shopify、Wix 和 BigCommerce 等，笔者推荐的平台是 Shopify。

首先跟大家介绍一下什么是 Shopify，它是一个海外网站的搭建平台，但是它不像亚马逊、阿里巴巴国际站那样自己带有流量，你在建立好海外独立站以后，需要自己去站外引流。

Shopify 的优点在于门槛低，普通的外贸业务员如果有海外电商运营操作

的经验，基本上一天就可以掌握操作方法。它的功能丰富，特别是 App 端，跟目前最主流的社交媒体和短视频营销平台结合得非常好。

二、Shopify 建站注册攻略

进入官方网站即可注册，注册的流程比较简单，根据官方提示一步一步操作。新人建站应该注意下面几点：

* 注册时不要提供你注册亚马逊或者速卖通等跨境电商平台的邮箱地址，因为很多卖家邮箱地址都是一样的，这样经营风险非常大，比如一个店铺被处罚或者查封，会关联到你的独立站平台。

* 关注企业的知识产权，不要以为独立站就没有规则和限制，对于假冒伪劣产品，独立站的处罚一样是严厉的。

* 注册一个独立域名，独立站域名的选择应该有核心关键词、简单、易推广等，方便后期在 Google 等平台推广。

三、关于独立站的收款方式

独立站不像亚马逊、阿里巴巴国际站有完善的支付系统，独立站的收款方式的选择应该符合中小企业的销售实际。主要要考虑的是收款工具的手续费和提现费用，然后就是收款工具的安全性。

Shopify 上最主流的付款、收款工具是 PayPal，PayPal 目前是全球跨境电商卖家选择最多的收款工具，通过 PayPal 收款目前的收费是 35 美元，后期不排除会有浮动。为了保证买家的权益，每次提款 PayPal 会扣押大概 20% 的资金作为保证金。

除了 PayPal 外，目前流行的付款工具还包括 Visa、Apple Pay 和 Mastercard，你可以根据不同国家的情况选择不同的付款工具。

目前独立站支付工具的绑定方式有下面几种：

* 你的账号和付款网关，就是你和银行合作，客户款项汇到你的银行账号；

* 支付网关软件，软件会将购物车直接关联到卡片处理系统；

＊ 信用卡付款系统，通过 Mastercard 付款。

付款的安全性也是目前广大独立站卖家最关心的问题，一般是通过 SSL 证书解决付款安全性的问题。

四、关于独立站的海外运费模版的设置

建设独立站除了要设置支付工具，还要设置海外运费模版。关于运费模版的设置，相信操作过阿里巴巴国际站或者其他跨境电商平台的人都不陌生。

独立站的运费模版设置，笔者建议是选包邮，从销售策略来说，海外客户普遍会选择包邮的产品。很多卖家反馈，他卖一个产品，如果如实标价，有时候物流费用比产品还贵，客户心里会不舒服。

做独立站的很多卖家是小卖家，往往选择国内直发模式，针对这种模式笔者的建议是用 E 邮宝发货。

五、关于店铺设置和装修

店铺装修首先要符合海外目标市场的定位和风格，比如做美国市场和做中东市场的店铺的装修是有区别的。然后，就是店铺装修应该具有视觉冲击力，最重要的是要注意网页的打开速度，因为这个最影响客户体验和转化率。再者，就是注意移动端的选择，目前无论是市场推广还是营销，移动端都是主流。还有一个关键点就是通过 Shopify 的 Sales Channels（销售渠道），把店铺的销售渠道同步到 Facebook 和 Google shopping。

六、独立站如何站外引流

独立站吸引流量主要包括几个渠道：短视频社交媒体引流、Facebook 引流、Google Adwords、抖音国际。

（一）社交媒体引流

Facebook 等社交媒体的引流代表未来的趋势，疫情下，YouTube 和 Instagram 等视频媒体的使用人数急剧增长。所以，利用短视频开展营销、吸引流量非常重要，目前海外消费者玩得最多的视频分享平台就是 YouTube。Instagram 这个视频分享平台对应的消费者的年龄更小，以“00 后”为主，流量更多，所以，通过制作跟自己产品相关的视频进行海外传播是非常好的流量获取方式。

（二）抖音国际版 TikTok

TikTok 在前文中已经说了很多次了，目前抖音国际版发展非常迅猛，在欧洲和美国的年轻消费者中有很大的市场占有率，针对跨境电商，抖音国际版也在不断完善它的销售功能，2019 年已经推出了购物车功能，后期它跟跨境电商的对接会更紧密，所以大家一定要重视这个平台。

（三）通过 Facebook 引流

Facebook 目前是全球使用率最高的社交软件，流量仅次于 Google，Facebook 引流也是独立站推广的重要渠道。选择 Facebook 推广主要还是选择 Facebook 的广告。

七、外贸企业如何做短视频营销

短视频营销是独立站站外引流的主要渠道，那么怎么去进行短视频营销呢？

（一）自己拍摄视频内容

企业可以制作跟企业、产品、品牌相关的视频，投放到各大视频推广平台，吸引流量，达到传播品牌，提升转换率的目的。关于自己拍摄视频的问题，很多网友对笔者说，拍视频太难了，其实未必，苹果手机就有视频拍摄功能，用苹果自带的 iMovie 和 Final cut Pro 编辑一下就可以。此外，也可以通过视频模版或者 YouTube Ads 来创建自己的视频内容。

（二）第三方视频制作公司制作

如果你不擅长制作视频，也可以选择国内的第三方视频制作公司合作。

目前国内短视频行业非常成熟，抖音、快手这样的视频营销平台非常火，所以第三方视频制作公司非常多，制作手法也非常成熟，甚至可以给你提供一揽子的营销服务解决方案，包括策划、营销、传播等。

（三）寻找网红做推广

通过网红带货，或者网红制作视频在视频推广平台传播，也是非常好的引流方式，这里笔者主要介绍如何找到适合自己企业的网红，帮助企业推广引流和带货。

首先可以在 YouTube 上输入产品关键词 + Review，找到自己行业的网红，一般商业性网红都会留联系方式，比如电子邮件、Facebook 账号等。找到网红的联系方式后，就开始谈价格了，价格取决于网红的粉丝量和流量号召力。你也可以通过免费赠送产品的方式跟网红交换，特别是那些网红喜欢的化妆品、包、服装等产品，免费赠送网红产品，让他们帮忙拍摄，传播视频即可。

其他的合作方式还包括：

* 短期合作模式。按视频数量支付费用，通过 PayPal 打给网红。

* 底薪 + 佣金模式。比如一开始支付一部分费用，其他根据流量抽取佣金。

* CPM（Cost Per Mile）模式，根据千次展现收费。

下一步就是视频的投放，你可以把这些视频投放到 YouTube Channel 然后花钱做广告，吸引流量。

第二节　跨境电商的“红海”

曾经有一个网友问笔者：“Harris 你一直是跨境电商的拥护者，但是为什么 2019 年我做亚马逊不仅仅没有赚到钱，反而亏了一百多万元，做跨境电商真的适合每个创业者吗？跨境电商的问题和红海在哪里？”

笔者认为跨境电商创业中能够成功的有两类人：

第一，那些具备资本、资源、人才的大型、优质外贸工厂，这些工厂会逐渐垄断跨境电商的优质资源。他们也是各大电商平台最热衷的客户之一，有钱、肯投入、产品品质优秀。

第二，小而美的跨境电商卖家，比如在一个细分领域深耕细作，专注产品品质，建立小而美的品牌，打造优质的客户体验的卖家。

那些粗放式运营的跨境电商卖家未来会越来越难做，市场淘汰力度也会越来越大，所以未来几年跨境电商的趋势是，马太效应越来越严重，优质品牌卖家领跑市场。

一、未来将淘汰的中小卖家的特征

很多个人创业者，没有资金，企业规模小，没有优质的供应链，产品品质参差不齐，受市场波动和平台政策改变的影响比较大，做海外仓能力欠缺，法律和知识产权意识差，未来这些小微跨境电商创业者会被淘汰。

此外，大量的铺货，做杂货，不尊重知识产权，卖仿品，频繁开拓新平台，不做精细化运营，从价格到客户体验、物流等都没有优势的粗放式运营的卖家最终会被淘汰。

二、各大跨境电商平台的卖家趋于饱和

在跨境电商发展的早期，做的人非常少，竞争不充分，平台规则也比较宽松，所以一部分人抢占先机赚到了钱，但是现在，大量传统外贸企业转型做跨境电商，这个行业的竞争已经达到白热化。

从平台政策和趋势来看，平台也在慢慢淘汰低质量的卖家，所以未来几年行业会重新洗牌。

三、跨境电商卖家如何应对“红海”

笔者建议大家理性判断跨境电商行业的发展趋势，在进行跨境电商创业之前对自己的资金、运营能力、资源和供应链做一个客观的评价和分析，如果评估没有问题，再选择做跨境电商创业。

满足这些基本的跨境电商创业条件以后，还应该做好下面的工作：

（一）差异化

对于小微卖家来说，你不能跟大卖家拼实力和规模，但是你可以在差异化上做文章，做有特色的产品，提供特色的服务，如定制等，这样的差异化会让你在红海中胜出。

（二）持续的创新

小微跨境电商创业者确实没有大卖家那样的资金实力，但是可以持续地进行创新，比如说产品包装的创新、服务的创新、营销模式的创新等。

（三）客户体验和服务品质

跨境电商最终拼的还是产品和客户体验，服务影响客户的购买意向，所以小卖家要在服务上下功夫，特别是售前服务和售后服务。比如我们熟悉的品牌企业 GXG 在电商领域靠优质的服务提升了客户的黏度。小微卖家也要通过自己的服务让客户满意，并持续地下订单。

（四）持续关注市场需求

小微卖家应该不断地关注市场需求、变化和热点，整合自己的优势资源去营销，通过快销、快速回款，取得良好的市场回报。

（五）小微卖家的海外仓策略

越是红海市场，你越要做海外仓，小微卖家不能像大卖家那样大规模地铺货，但是可以灵活地选择合适的小型海外仓，比如小额、小批发货，海运、空运互补等。

（六）精品化运营

小微卖家可以只做一个单品，然后充分发挥自己的产品优势、推广优势，把单品做精做爆，在这个单品上无论是产品创新、运营，还是设计、服务都要提高竞争门槛。

（七）选择在线 B2B 模式

在跨境电商平台做 B2C 对于运营的要求很高，你可以选择阿里巴巴国际站的在线批发模式。

第三节　“一带一路”市场及其他新兴市场

2020 年的疫情对传统外贸市场的冲击非常大，欧洲和美国市场因为疫情的影响，实体门店纷纷关门歇业，美国的很多制造业工厂也暂时停工，这导致很多中国外贸企业的出口数据大幅度下降。但是当大部分海外市场都陷入困境的同时，“一带一路”沿线国家的市场销售额却在逆势增长，有些特定品类甚至持续热销。

关于为什么疫情下，“一带一路”沿线国家市场反而逆势增长的原因，笔者团队在数据调研后发现这与我们国家“一带一路”倡议的政策红利有关。

2013 年 9 月和 10 月，我们国家提出建设“丝绸之路经济带”和“21 世纪海上丝绸之路”的构想，提倡中国依靠与有关国家既有的多边机制，发展与沿线国家的经济合作伙伴关系。这个“一带一路”倡议给中国的经济带来了很多发展机会，特别是跨境物流和跨境电商领域。

目前，跨境电商发展的一大痛点是跨境物流，“一带一路”倡议下国家投入大量资金建设铁路、机场和港口等物流基础设施，实现了设施的联通和贸易的畅通，因而跨境电商在“一带一路”市场的发展才势如破竹。

比如，“一带一路”沿线国家可以一次性报关，多国联合运输，最大限度地促进了跨境电商的发展，同时“一带一路”沿线国家市场对轻工零配件有较大需求，刚好和我国的轻工生产制造业有很大的匹配度，这也是为什么疫情下，“一带一路”市场依然发展良好的主要理由之一。

未来，“一带一路”国家依然会是跨境电商发展的重要市场，这些国家会是全球市场的新中心。

中东欧和北非目前拥有 1.1 亿网民，几千万人在网上购物，未来跨境电商会更蓬勃地发展。中国与“一带一路”沿线国家在基础建设、汽车、纺织服装等领域都会有非常深度的合作。然后就是东南亚市场，未来，东南亚市场会更具潜力。

一、“一带一路”市场

（一）东南亚

“一带一路”沿线国家和地区中跨境电商最活跃的应该是东南亚市场，早在 2018 年东南亚就成为全球互联网用户人数排名第三的地区。

目前，东南亚的网民每天大概有三个半小时花在移动互联网上面，而我们热衷的美国和英国市场的网民仅仅是两个小时。根据中国海关的最新数据统计，在“一带一路”沿线国家中，东南亚是我国出口最多的地区，东南亚市场中最活跃的国家分别有泰国、印度尼西亚、新加坡、马来西亚、越南和菲律宾，预期到 2025 年东南亚市场的电商规模会到达 878 亿美元。

1. 印度尼西亚和新加坡

首先来说说印度尼西亚，它目前是亚洲拥有移动智能手机最多的国家，这为跨境电商的爆发提供了最重要的基础。预计到 2025 年，印度尼西亚电子商务市场将产生 460 亿美元的在线零售额。

新加坡的跨境电商发展非常迅猛，理由是新加坡的消费者更喜欢从海外采购，所以在新加坡有超过 55% 的在线交易都是通过跨境电商完成的。大家都说中国人在电商平台的消费最高，每年的“双 11”在线销售数据都是天文数字，但其实新加坡人民在线消费的数据也毫不逊色，目前新加坡跨境电商平台人平均消费金额是 1 067 元，而中国只有 858 元。

新加坡的移动手机普及率也全球领先，网速更是世界第六，目前跨境电商已经进入了移动时代，所以新加坡的市场大有可为。

目前新加坡卖得最好的产品品类是玩具和手工艺品，还有一些日用消费品。新加坡排名前五的电商平台为：Qoo10 SG、Lazada SG、Zalora SG、ezbuy、Charles and Keith。

2. 泰国

另外一个东南亚的重要市场就是泰国，泰国拥有东南亚数量最多的互联网用户，有5 700万之多。跨境电商在泰国的发展也非常迅猛，预期到2022年泰国电商市场的销售额可以达到60.06亿美元。

在传统外贸时代，泰国和中国的贸易往来非常频繁，在跨境电商时代，泰国的电商更是活跃，目前泰国市场最畅销的产品品类包括电子类产品、玩具和手工制品。其次，就是家具、时尚类产品，在物流上泰国许多物流公司都建立了中央仓库，进一步促进了跨境电商的发展。

3. 越南

越南的跨境电商市场机会很多，电商的发展规模也很大，2018年越南的电商销售额就已经高达27.33亿美元。

同样移动手机在越南的普及率也很高，在越南做跨境电商最大的商业机遇之一是，越南人非常信任中国的商品品质和品牌。

目前越南卖得最好的产品品类是玩具、工艺品和电子类产品等。

（二）俄罗斯

俄罗斯市场一直是跨境电商重要的新兴市场之一，未来俄罗斯市场一定会发展得更蓬勃。俄罗斯目前大概有1.43亿人口，网民人数高达6 500万人，而且这个数字还在持续攀升中，目前俄罗斯的电商交易规模大概是在80亿欧元，并且以每年30%的增量增长。

俄罗斯因为特殊的政治原因，一直对中国的日用消费品非常依赖，所以很多做俄罗斯市场的卖家生意都非常好。未来做俄罗斯市场除了速卖通电商平台外，你也可以开通独立站，通过站外营销获取流量。在俄罗斯的搜索引擎市场，Yandex占53%，Google占36%，Mail.ru占9%，其他占2%。

二、巴西市场

2020年巴西的跨境电商也非常火热，比如Shopee推出巴西站点，很多做巴西市场的跨境电商店铺销售数据不俗。

目前，巴西是世界第七大经济体，拥有拉丁美洲最大的在线零售市场，巴西占据拉丁美洲42%的市场份额。2020年巴西的在线销售规模大概是172.7亿美元，并且每年的增长率是21%，目前巴西网民每天的上网时间是

9.3 小时，全球第二，大概有 1.4 亿巴西人通过 Facebook 进行社交，移动手机增长率也非常高，预期到 2022 年巴西跨境电商市场的销售额是 180 亿美元。

巴西人非常喜欢中国的跨境电商商品，并且认可其品质和品牌，从市场品类来看巴西人最喜欢的是 3C 数码类产品、家居、装饰、电脑、服装和日用消费品等。

三、非洲市场

非洲是一个很容易被人忽视的跨境电商新市场，非洲的跨境电商和电商发展形势非常好，而且方兴未艾，很多年轻人纷纷涌入跨境电商领域创业。

目前，尼日利亚的电商创业公司有 108 家，而且有越来越多的年轻人参与跨境电商创业项目。

目前非洲地区互联网用户最多的国家是尼日利亚，达到 9 188 万人，预期到 2025 年非洲在线市场零售总额是 3 000 亿美元，所以它是一个非常庞大的市场。未来 4 年内非洲的零售总额每年会有 40% 的增长率，所以后期非洲市场是广大跨境电商创业者需要重点开拓的市场之一。

非洲市场对于中国产品的需求主要是轻工产品、纺织服装、五金、钟表和床上用品等，也非常符合广州和浙江一带外贸出口中小企业的产业结构。目前，非洲流行的跨境电商平台主要包括下面几个：

（一）Jumia

非洲首先要介绍的就是 Jumia 这个跨境电商平台，它在非洲的发展处于领先地位，主要的品类是电子产品和服装。

（二）Kilimall

这家非洲跨境电商平台的发展非常迅猛，创始人是一个中国人，目前日订单超过 700 万单，有超过 1 000 家商户入驻。

（三）Konga

该网站原本是一家专注于母婴、美容和个人护理类商品的电商，上线 1 个月即荣获 Google Play 购物类 App 下载榜第一名。

当前，新兴市场逐渐崛起，广大跨境电商创业者一定要顺应市场趋势，为跨境电商创业谋取机会。

书目介绍

乐贸系列

书名	作者	定价	书号	出版时间
国家出版基金项目				
1. “一带一路”国家投资并购指南	冯 斌 李洪亮 Gvantsa Dzneladze（格） Tamar Menteshashvili（格）	98.00 元	978-7-5175-0422-1	2020 年 3 月第 1 版
2. “质”造全球：消费品出口质量管控指南	SGS 通标标准技术服务有限公司	80.00 元	978-7-5175-0289-0	2018 年 9 月第 1 版
跟着老外学外贸系列				
1. 优势成交：老外这样做销售（第二版）	Abdelhak Benkerroum（阿道）	58.00 元	978-7-5175-0370-5	2019 年 10 月第 2 版
外贸 SOHO 系列				
1. 外贸 SOHO，你会做吗？	黄见华	30.00 元	978-7-5175-0141-1	2016 年 7 月第 1 版
跨境电商系列				
1. 直面危机：跨境电商创业	朱秋城（Mr. Harris）	59.00 元	978-7-5175-0478-8	2021 年 2 月第 1 版
2. 跨境电商全产业链时代：政策红利下迎机遇期	曹磊 张周平	55.00 元	978-7-5175-0349-1	2019 年 5 月第 1 版
3. 外贸社交媒体营销新思维：向无效社交说 No	May（石少华）	55.00 元	978-7-5175-0270-8	2018 年 6 月第 1 版
4. 跨境电商多平台运营，你会做吗？	董振国 贾 卓	48.00 元	978-7-5175-0255-5	2018 年 1 月第 1 版
5. 跨境电商 3.0 时代——把握外贸转型时代风口	朱秋城（Mr. Harris）	55.00 元	978-7-5175-0140-4	2016 年 9 月第 1 版
6. 118 问玩转速卖通——跨境电商海外淘金全攻略	红 鱼	38.00 元	978-7-5175-0095-7	2016 年 1 月第 1 版
外贸职场高手系列				
1. 外贸会计上班记（第二版）	谭 天	55.00 元	978-7-5175-0439-9	2020 年 7 月第 2 版
2. 开发：在外贸客户发掘中出奇制胜	蔡译民（Chris）	55.00 元	978-7-5175-0425-2	2020 年 6 月第 1 版
3. MR. HUA 创业手记（纪念版）——从 0 到 1 的“老华”创业思维	华 超	69.00 元	978-7-5175-0430-6	2020 年 6 月第 1 版
4. 新人走进外贸圈 职业角色怎么选	黄 涛	45.00 元	978-7-5175-0387-3	2020 年 1 月第 1 版
5. Ben 教你做采购：金牌外贸业务员也要学	朱子赋（Ben）	58.00 元	978-7-5175-0386-6	2020 年 1 月第 1 版
6. 思维对了，订单就来：颠覆外贸底层逻辑	老 A	58.00 元	978-7-5175-0381-1	2020 年 1 月第 1 版
7. 从零开始学外贸	外贸人维尼	58.00 元	978-7-5175-0382-8	2019 年 10 月第 1 版

书名	作者	定价	书号	出版时间
8. 小资本做大品牌：外贸企业品牌运营	黄仁华著	58.00 元	978-7-5175-0372-9	2019 年 10 月第 1 版
9. 金牌外贸企业给新员工的内训课	Lily 主编	55.00 元	978-7-5175-0337-8	2019 年 3 月第 1 版
10. 逆境生存：JAC 写给外贸企业的转型战略	JAC	55.00 元	978-7-5175-0315-6	2018 年 11 月第 1 版
11. 外贸大牛的营与销	丹　牛	48.00 元	978-7-5175-0304-0	2018 年 10 月第 1 版
12. 向外土司学外贸 1：业务可以这样做	外土司	55.00 元	978-7-5175-0248-7	2018 年 2 月第 1 版
13. 向外土司学外贸 2：营销可以这样做	外土司	55.00 元	978-7-5175-0247-0	2018 年 2 月第 1 版
14. 阴阳鱼给外贸新人的必修课	阴阳鱼	45.00 元	978-7-5175-0230-2	2017 年 11 月第 1 版
15. JAC 写给外贸公司老板的企管书	JAC	45.00 元	978-7-5175-0225-8	2017 年 10 月第 1 版
16. 外贸大牛的术与道	丹　牛	38.00 元	978-7-5175-0163-3	2016 年 10 月第 1 版
17. JAC 外贸谈判手记——JAC 和他的外贸故事	JAC	45.00 元	978-7-5175-0136-7	2016 年 8 月第 1 版
18. Mr. Hua 创业手记——从 0 到 1 的"华式"创业思维	华　超	45.00 元	978-7-5175-0089-6	2015 年 10 月第 1 版
19. JAC 外贸工具书——JAC 和他的外贸故事	JAC	45.00 元	978-7-5175-0053-7	2015 年 7 月第 1 版
20. 外贸菜鸟成长记(0～3 岁)	何嘉美	35.00 元	978-7-5175-0070-4	2015 年 6 月第 1 版

外贸操作实务子系列

书名	作者	定价	书号	出版时间
1. 外贸高手客户成交技巧 3：差异生存法则	毅　冰	69.00 元	978-7-5175-0378-1	2019 年 9 月第 1 版
2. 外贸高手客户成交技巧 2——揭秘买手思维	毅　冰	55.00 元	978-7-5175-0232-6	2018 年 1 月第 1 版
3. 外贸业务经理人手册(第三版)	陈文培	48.00 元	978-7-5175-0200-5	2017 年 6 月第 3 版
4. 外贸全流程攻略——进出口经理跟单手记(第二版)	温伟雄（马克老温）	38.00 元	978-7-5175-0197-8	2017 年 4 月第 2 版
5. 金牌外贸业务员找客户(第三版)——跨境电商时代开发客户的 9 种方法	张劲松	40.00 元	978-7-5175-0098-8	2016 年 1 月第 3 版
6. 实用外贸技巧助你轻松拿订单(第二版)	王陶(波锅涅)	30.00 元	978-7-5175-0072-8	2015 年 7 月第 2 版
7. 出口营销实战(第三版)	黄泰山	45.00 元	978-7-80165-932-3	2013 年 1 月第 3 版
8. 外贸实务疑难解惑 220 例	张浩清	38.00 元	978-7-80165-853-1	2012 年 1 月第 1 版
9. 外贸高手客户成交技巧	毅　冰	35.00 元	978-7-80165-841-8	2012 年 1 月第 1 版
10. 报检七日通	徐荣才　朱瑾瑜	22.00 元	978-7-80165-715-2	2010 年 8 月第 1 版
11. 外贸实用工具手册	本书编委会	32.00 元	978-7-80165-558-5	2009 年 1 月第 1 版
12. 快乐外贸七讲	朱芷萱	22.00 元	978-7-80165-373-4	2009 年 1 月第 1 版
13. 外贸七日通(最新修订版)	黄海涛（深海鱿鱼）	22.00 元	978-7-80165-397-0	2008 年 8 月第 3 版

书名	作者	定价	书号	出版时间
外贸单证操作子系列				
1. 跟单信用证一本通(第二版)	何源	48.00元	978-7-5175-0249-4	2018年9月第2版
2. 外贸单证经理的成长日记(第二版)	曹顺祥	40.00元	978-7-5175-0130-5	2016年6月第2版
3. 信用证审单有问有答280例	李一平　徐珺	37.00元	978-7-80165-761-9	2010年8月第1版
4. 外贸单证解惑280例	龚玉和　齐朝阳	38.00元	978-7-80165-638-4	2009年7月第1版
5. 信用证6小时教程	黄海涛(深海鱿鱼)	25.00元	978-7-80165-624-7	2009年4月第2版
6. 跟单高手教你做跟单	汪　德	32.00元	978-7-80165-623-0	2009年4月第1版
福步外贸高手子系列				
1. 外贸技巧与邮件实战(第二版)	刘　云	38.00元	978-7-5175-0221-0	2017年8月第2版
2. 外贸电邮营销实战——小小开发信　订单滚滚来(第二版)	薄如骢	45.00元	978-7-5175-0126-8	2016年5月第2版
3. 巧用外贸邮件拿订单	刘　裕	45.00元	978-7-80165-966-8	2013年8月第1版
国际物流操作子系列				
1. 货代高手教你做货代——优秀货代笔记(第二版)	何银星	33.00元	978-7-5175-0003-2	2014年2月第2版
2. 国际物流操作风险防范——技巧·案例分析	孙家庆	32.00元	978-7-80165-577-6	2009年4月第1版
彻底搞懂子系列				
1. 彻底搞懂信用证(第三版)	王腾　曹红波	55.00元	978-7-5175-0264-7	2018年5月第3版
2. 彻底搞懂关税(第二版)	孙金彦	43.00元	978-7-5175-0172-5	2017年1月第2版
3. 彻底搞懂提单(第二版)	张敏　张鹏飞	38.00元	978-7-5175-0164-0	2016年12月第2版
4. 彻底搞懂中国自由贸易区优惠	刘德标　祖月	34.00元	978-7-80165-762-6	2010年8月第1版
5. 彻底搞懂贸易术语	陈　岩	33.00元	978-7-80165-719-0	2010年2月第1版
6. 彻底搞懂海运航线	唐丽敏	25.00元	978-7-80165-644-5	2009年7月第1版
外贸英语实战子系列				
1. 十天搞定外贸函电(白金版)	毅　冰	69.00元	978-7-5175-0347-7	2019年4月第2版
2. 让外贸邮件说话——读懂客户心理的分析术	蔡泽民(Chris)	38.00元	978-7-5175-0167-1	2016年12月第1版
3. 外贸高手的口语秘籍	李　凤	35.00元	978-7-80165-838-8	2012年2月第1版
4. 外贸英语函电实战	梁金水	25.00元	978-7-80165-705-3	2010年1月第1版
5. 外贸英语口语一本通	刘新法	29.00元	978-7-80165-537-0	2008年8月第1版
外贸谈判子系列				
1. 外贸英语谈判实战(第二版)	王慧　仲颖	38.00元	978-7-5175-0111-4	2016年3月第2版
2. 外贸谈判策略与技巧	赵立民	26.00元	978-7-80165-645-2	2009年7月第1版

书名	作者	定价	书号	出版时间
3. 航空货运代理实务（第二版）	杨鹏强	55.00 元	978-7-5175-0336-1	2019 年 1 月第 2 版
4. 进出口商品归类实务（第三版）	林 青	48.00 元	978-7-5175-0251-7	2018 年 3 月第 3 版
5. e 时代报关实务	王 云	40.00 元	978-7-5175-0142-8	2016 年 6 月第 1 版
6. 供应链管理实务	张远昌	48.00 元	978-7-5175-0051-3	2015 年 4 月第 1 版
7. 电子口岸实务（第二版）	林青	35.00 元	978-7-5175-0027-8	2014 年 6 月第 2 版
8. 报检实务（第二版）	孔德民	38.00 元	978-7-80165-999-6	2014 年 3 月第 2 版

“精讲型”国际贸易核心课程教材

书名	作者	定价	书号	出版时间
1. 国际贸易实务精讲（第七版）	田运银	49.50 元	978-7-5175-0260-9	2018 年 4 月第 7 版
2. 国际货运代理实务精讲（第二版）	杨占林 汤 兴 官敏发	48.00 元	978-7-5175-0147-3	2016 年 8 月第 2 版
3. 海关法教程（第三版）	刘达芳	45.00 元	978-7-5175-0113-8	2016 年 4 月第 3 版
4. 国际电子商务实务精讲（第二版）	冯晓宁	45.00 元	978-7-5175-0092-6	2016 年 3 月第 2 版
5. 国际贸易单证精讲（第四版）	田运银	45.00 元	978-7-5175-0058-2	2015 年 6 月第 4 版
6. 国际贸易操作实训精讲（第二版）	田运银 胡少甫 史 理 朱东红	48.00 元	978-7-5175-0052-0	2015 年 2 月第 2 版
7. 进出口商品归类实务精讲	倪淑如 倪 波 田运银	48.00 元	978-7-5175-0016-2	2014 年 7 月第 1 版
8. 外贸单证实训精讲	龚玉和 齐朝阳	42.00 元	978-7-80165-937-8	2013 年 4 月第 1 版
9. 外贸英语函电实务精讲	傅龙海	42.00 元	978-7-80165-935-4	2013 年 2 月第 1 版
10. 国际结算实务精讲	庄乐梅 李 菁	49.80 元	978-7-80165-929-3	2013 年 1 月第 1 版

“实用型”国际贸易课程教材

书名	作者	定价	书号	出版时间
1. 外贸跟单实务（第二版）	罗 艳	48.00 元	978-7-5175-0338-5	2019 年 1 月第 2 版
2. 海关报关实务	倪淑如 倪 波	48.00 元	978-7-5175-0150-3	2016 年 9 月第 1 版
3. 国际金融实务	李 齐 唐晓林	48.00 元	978-7-5175-0134-3	2016 年 6 月第 1 版
4. 国际贸易实务	丁行政 罗艳	48.00 元	978-7-80165-962-0	2013 年 8 月第 1 版

中小企业财会实务操作系列丛书

书名	作者	定价	书号	出版时间
1. 做顶尖成本会计应知应会 150 问（第二版）	张 胜	48.00 元	978-7-5175-0275-3	2018 年 6 月第 2 版
2. 小企业会计疑难解惑 300 例	刘华 刘方周	39.80 元	978-7-80165-845-6	2012 年 1 月第 1 版
3. 会计实务操作一本通	吴虹雁	35.00 元	978-7-80165-751-0	2010 年 8 月第 1 版